Lena Völkening

Gendern

UNRAST

Für Max.

Ohne deine Einwände wäre dieses Buch vollkommen anders geworden.

Lena Völkening, geboren 1991, hat deutsche und französische Sprachwissenschaft in Bonn, Berlin und Paris studiert und als Journalistin unter anderem für *Spiegel Online*, *Zeit Online* und den *Tagesspiegel* geschrieben. Für den Unrast Verlag hat sie mehrere Bücher aus dem Französischen übersetzt.

Lena Völkening

Gendern

Warum wir die Flexibilität des Sprachsystems nutzen sollten

UNRAST

Bibliografische Information der Deutschen Bibliothek
Die Deutsche Bibliothek verzeichnet diese Publikation in der Deutschen Nationalbibliografie; detaillierte bibliografische Daten sind im Internet über https://www.dnb.de abrufbar.

Lena Völkening
Gendern

1. Auflage, Mai 2022
ISBN 978-3-89771-340-6

www.unrast-verlag.de | kontakt@unrast-verlag.de
Mitglied in der assoziation Linker Verlage (aLiVe)

Umschlag: Felix Hetscher, Münster
Satz: Andreas Hollender, Köln
Druck: Multiprint, Kostinbrod

Inhalt

VORWORT
Warum wir zum Gendern die Linguistik brauchen

Die Verhunzung unserer Muttersprache
entbehrt jeglicher sachlichen Grundlage.
#Gendergaga ist nichts anderes
als #linksgrüner Schwachsinn.

@Irmler3 auf Twitter[1]

Man möchte meinen, es sind harte Zeiten für die deutsche Sprache angebrochen. Sie könnte kaputtgehen! Die Nachsilben könnten verbeulen. Gendergaps könnten die Wörter entzweireißen. Sterne treiben sich herum, wo sie nicht hingehören. Noch dazu sehen diese Sterne gar nicht so aus, wie ein sprachliches Zeichen aussehen sollte. Dieses Buch ist entstanden, weil ich mich in den vergangenen Jahren oft geärgert habe: Warum wird so intensiv über gegenderte Sprache diskutiert, ohne dabei auf die Linguistik zurückzugreifen? Da wird so vieles über Sprache und Sprachstrukturen behauptet, das aus wissenschaftlicher Sicht Unsinn ist. Da wird über das Schicksal von Wörtern geredet, ohne zu berücksichtigen, wie Wörter funktionieren. Als hätten Sprachwissenschaftler*innen nicht schon seit Tausenden von Jahren[2] präzise Baupläne von den Sprachen der Welt gezeichnet und beschrieben, wie sie sich entwickeln, wozu die einzelnen Elemente gut sind und wie wir die Sprache als Werkzeug zur Kommunikation nutzen.

Vielleicht liegt es daran, dass wir alle denken, wir wüssten, wie Sprache funktioniert und wie sie aufgebaut ist. Wir sprechen schließlich alle mindestens eine. Aber die Strukturen von Sprachen sind viel feiner und schwerer erkennbar; da liegt viel mehr in den unteren Schichten, das uns, wenn wir sprechen und schreiben, gar nicht bewusst ist. Der Sprachwis-

1 Tweet vom 02.03.2021.

2 Die ersten sprachtheoretischen Überlegungen sind aus der Antike überliefert, vgl. Oliver Jungen & Horst Lohnstein: Geschichte der Grammatiktheorie von Dionysios Thrax bis Noam Chomsky. München: Wilhelm Fink Verlag 2007.

senschaftler Winfried Thielmann hat deshalb einmal geschrieben: »Eine Sprache zu sprechen und zugleich etwas über sie zu wissen sind zwei verschiedene Dinge.«[3] Wir tragen das Wissen über unsere Sprache tief in uns, aber es ist meistens ein unbewusstes Wissen. Die Sprachwissenschaft legt dieses Wissen erst offen. Deshalb brauchen wir sie in der Debatte über gegenderte Sprache.

Oft wird diese Debatte unsachlich und emotional geführt. Wie sollte sie auch nicht emotional sein: Sie betrifft uns sehr direkt, es geht immerhin um unsere Sprache, darum, wie wir jeden Tag reden und schreiben. Es geht außerdem um gesellschaftliche Ungerechtigkeiten, um Identität, um unser Denken – sehr essenzielle Dinge. Einer meiner Freunde, die die ersten Entwürfe dieses Buchs für mich probegelesen haben, sagte mir hinterher: Es hätte ihn etliche Nerven gekostet. Weil ihn das Genderthema stresst. So geht es mir auch. Wenn ich Texte in der Zeitung dazu lese – egal, ob pro oder contra Gendern – werde ich ganz hibbelig.

Dabei wäre es eigentlich möglich, das Problem sachlich, objektiv und wissenschaftlich anzugehen. Die Linguistik ist eine sehr rationale Wissenschaft. Es geht – anders als beispielsweise in der Literaturwissenschaft – wenig um Interpretationen, Sprachgefühl und Kunst. Es geht um harte, bisweilen physische Fakten. Um Schallwellen und Betonungsmuster. Um Logik und innere Strukturen, die einen Zweck erfüllen. Einzelne Wörter sind zum Beispiel nicht einfach irgendwie aufgebaut. Sie bestehen aus Silben, die wiederum aus Lauten bestehen. Dass Wörter in verschiedenen Sprachen unterschiedlich strukturiert sind, ist kein Zufall, sondern hat System.[4] In Sätzen werden Wörter nicht willkürlich platziert, sondern in

---

3 Thielmann, Winfried: Wortarten. Eine Einführung aus funktionaler Perspektive. Berlin/Boston: De Gruyter 2021, S. 1.

4 Es ist zum Beispiel kein Zufall, dass Spanier*innen oft schneller sprechen als Deutsche. Ihre Wörter sind systematisch anders geformt. Das Spanische ist eine Silbensprache, das heißt, Silben sind im Spanischen so aufgebaut, dass sie möglichst gut aussprechbar sind. Meistens kommt zuerst ein Konsonant und dann ein Vokal: *Su pa-dre lo lle-vó a co-no-cer el hie-lo.* Das Deutsche hingegen ist tendenziell eine Wortsprache. Natürlich bestehen deutsche Wörter auch aus Silben, aber die sind oft nicht so schön simpel und gut aussprechbar gebaut wie im Spanischen, weil der Fokus darauf liegt, dass die Wörter gut erkennbar sind: *Sein Va-ter nahm ihn mit, um das Eis ken-nen-zu-ler-nen.* Ein perfekter Silbenbau wird im Deutschen zugunsten der Wörter vernachlässigt. Im Spanischen kann man also die immer ungefähr gleich langen, gut aussprechbaren Silben wie mit einem Maschinengewehr auf die Zuhörer*innen abfeuern, im Deutschen geht das mit so Wörtern wie *Strumpf* und *Herbst* nicht so gut.

einer bestimmten Reihenfolge, die etwas Bestimmtes bedeutet.[5] Dass wir anders sprechen, als wir schreiben, hat Gründe.[6] Und so weiter.

Die Sprache ist ein großes, komplexes System, das man bis ins kleinste Detail – bis hin zu den Buchstaben, Lauten, Bestandteilen von Lauten sogar – auseinandernehmen und analysieren kann. Warum macht man sich dieses Detailwissen über die Strukturen der deutschen Sprache nicht zunutze, wenn es ums Gendern geht? »Sieht hässlich aus« oder »Mag ich nicht« sind in dieser Angelegenheit doch wirklich keine guten Argumente. Mit diesem Buch möchte ich zu einer Objektivierung der Genderdebatte beitragen. Die Frage, ob unsere Sprache in Bezug auf Gender ungerecht ist, lässt sich nicht nur aus einem Gefühl heraus beantworten. Man kann das Sprachsystem sehr genau untersuchen und so eine differenzierte, klare Antwort finden. Was konkret ungerecht ist, kann ebenso objektiv beschrieben werden. Und auch, *wie* wir unsere Sprache ändern und gerechter machen können, müssen wir nicht allein durch blindes Ausprobieren herausfinden. Das wäre wahnsinnig ineffektiv! Wir können uns ansehen, wie Sprache derzeit aufgebaut ist, und die neuen, gegenderten Wörter nach diesem Vorbild zusammenbauen.

Zugegeben: Die Linguistik kann die Frage, ob und wie wir gendern sollten, nicht abschließend beantworten. Das ist auch gar nicht ihr Ziel. Sie ist eine Wissenschaft, die beobachtet, beschreibt und analysiert, aber nicht *vorschreibt*, was zu tun ist. Sie bewertet auch nicht. Sprachwissenschaftler*innen würden sich fast nie in Sprachwandelprozesse einmischen, weil man davon ausgeht, dass sich Sprache von selbst und durch die, die sprechen und schreiben, so entwickelt, wie es am besten ist. Deshalb arbeitet die Lingu-

---

Vgl. Szczepaniak, Renata: Der phonologisch-typologische Wandel des Deutschen von einer Silben- zu einer Wortsprache. Berlin/Boston: De Gruyter 2007.

5 *Ich würde für dich keine Berge versetzen* und *Für dich würde ich keine Berge versetzen* ist zum Beispiel inhaltlich nicht ganz dasselbe. Das Phänomen, dass eine unterschiedliche Wortreihenfolge Unterschiedliches bedeuten kann, wird in der Linguistik als *Informationsstruktur* beschrieben.
Vgl. Musan, Renate: Informationsstruktur. Heidelberg: Winter 2010.

6 Beim Sprechen achten wir zum Beispiel weniger auf grammatische Korrektheit, was sich u.a. damit begründen lässt, dass unser Gegenüber im Zweifel nachfragen kann, falls etwas dadurch unverständlich wird.
Vgl. Koch, Peter & Wulf Oesterreicher: Sprache der Nähe – Sprache der Distanz. Mündlichkeit und Schriftlichkeit im Spannungsfeld von Sprachtheorie und Sprachgeschichte. In: Romanistisches Jahrbuch 36 (1985) 1. S. 15–43.

istik auch nicht daran, geeignete Lösungsvorschläge für eine gegenderte Sprache zu entwickeln.[7] Das ist nicht ihre Aufgabe und nicht ihr Ziel.[8] Sprachwissenschaftler*innen wachen normalerweise nicht über den Erhalt oder die Restauration der Sprache. Sie fragen sich zum Beispiel nicht, ob das Deutsche durch ›schlechte‹ gegenderte Sprache kaputtgehen könnte. Eine Sprache ist ein robustes, biegsames, komplexes System. Wenn etwas in der Sprache – ein Wort oder ein Satz zum Beispiel – komisch und schief aussieht, dann ist mit sehr hoher Wahrscheinlichkeit nichts defekt, sondern dann haben wir einfach noch nicht verstanden, *warum* es so komisch und schief ist.

Im Deutschen machen Schreibende zum Beispiel oft ein Komma an einer bestimmten Stelle in Sätzen, wo es eigentlich nach den Regeln der Rechtschreibung überhaupt nicht hingehören würde: *Nach einem ausführlichen Frühstück mit zwei Schokocroissants und frischgepresstem Orangensaft, ging sie zur Arbeit.* Das Komma nach *Orangensaft* ist hier nicht korrekt – zumindest nicht nach den aktuellen Regeln, die in Grammatikbüchern festgehalten werden. Das heißt aber noch lange nicht, dass es völlig unsinnig ist, an dieser Stelle ein Komma zu setzen. Man kann sehr genau beschreiben, welche guten Gründe Schreibende haben könnten, dieses ›falsche‹ Komma an

---

7 Einzelne Sprachwissenschaftler*innen tun das schon, z.B. Luise Pusch, die eine der ersten Autorinnen von Genderleitfäden ist und der die Erfindung des Binnen-Is zugeschrieben wird. Die feministische Linguistik ist mittlerweile ein etablierter Forschungszweig innerhalb der Sprachwissenschaft, allerdings geht es ihr vor allem darum, Missstände aufzuzeigen und detailliert zu analysieren, und weniger bis gar nicht darum, zu überlegen, wie man die Sprache ändern könnte. Publikationen zu dieser Frage werden somit vor allem im populärwissenschaftlichen Rahmen veröffentlicht: in Form von Leitfäden, Glossen und Zeitungstexten.

8 Es gibt jedoch auch Linguist*innen, die dafür plädieren, dass sich die Sprachwissenschaft – ganz entgegen ihrer Gewohnheit – zukünftig in die öffentliche Debatte zum Thema Gendern einmischen und ruhig auch kommentieren, bewerten und sogar Empfehlungen geben sollte. So schreibt zum Beispiel die Linguistin Gabriele Diewald in einem linguistischen Aufsatz: »Es ist an der Zeit, dieses Thema in der germanistischen Linguistik zu diskutieren – und zwar als Forschungsthema, das zugleich die Chance bietet, öffentlich sichtbar zu machen, dass die Sprachwissenschaft mehr zu leisten im Stande ist [...]. Die Sprachwissenschaft ist in der Lage, Sprachwandelprozesse zu erklären und zu begleiten, die Bedingungen des Zusammenspiels zwischen Sprachgebrauch und Sprachsystem offenzulegen und auf dieser Grundlage auch Empfehlungen zu geben, in welcher Weise bestimmte Absichten sprachlich am besten zum Ausdruck zu bringen sind.«
Gabriele Diewald: Zur Diskussion: Geschlechtergerechte Sprache als Thema der germanistischen Linguistik – exemplarisch exerziert am Streit um das sogenannte generische Maskulinum. In: Zeitschrift für germanistische Linguistik 46 (2018) 2. S. 283–299, hier S. 285 f.

diese Stelle im Satz zu setzen. Bastian Sick, der Autor des Buchs *Der Dativ ist dem Genitiv sein Tod*, hat über diese Art von Kommata einmal in einer *Spiegel*-Kolumne geschrieben, sie würden Texte regelrecht *verunstalten*. Er macht sich über Leute lustig, die dieses Komma setzen:

> »›Außerhalb der Sommermonate, ist das Café nur bis 16 Uhr geöffnet‹, steht auf einem Schild an einem Ausflugslokal am See. Es ist nicht schwer, sich auszumalen, wie so ein Schild entsteht. Der Erwin malt es und ruft dann seine Roswita ›zum Gucken‹. Roswita kommt und guckt, und weil sie meint, dass sie irgendetwas dazu sagen müsse, sagt sie: ›Da fehlt noch was.‹ – ›Watt denn?‹, fragt Erwin. ›Weiß nich. Aber irgendwas fehlt, das spür ich genau.‹ – ›Also, der Strich über Café kann's nicht sein, der ist da, wie du siehst.‹ – ›Nee, das mein ich auch nich. Irgendwas anderes. Ein Komma oder so.‹ – ›Ein Komma? Wo denn?‹ – ›Da wo die Stimme beim Lesen hochgeht, da muss ein Komma hin.«[9]

Sick zieht ins Lächerliche, dass Roswita denkt, man müsste nach *Sommermonate* ein Komma setzen. Dabei ist Roswita nicht dumm. Wer eine Sprache beherrscht (und nicht gerade erst als Fremdsprache lernt), hat ein Gefühl für diese Sprache entwickelt und spürt intuitiv, wo beispielsweise mehrere Wörter gemeinsam eine Einheit bilden. *Außerhalb der Sommermonate* ist eine solche Einheit, eine Präpositionalphrase. Roswita möchte also nicht einfach irgendwo im Satz ein Komma setzen, sondern dort, wo es nach gewissen Maßstäben sehr sinnvoll ist: Es markiert das Ende der Präpositionalphrase.[10] Nur werden diese Maßstäbe nicht für unsere aktuellen Rechtschreibregeln zugrunde gelegt. Die Rechtschreibregeln sind Regeln,

9 Sick, Bastian: Das gefühlte Komma. Spiegel Online. 22.07.2004.

10 Diese Art von Komma wird in der Linguistik auch *Vorfeldkomma* genannt. Es trennt nämlich Präpositionalphrasen und ähnliche Einheiten dann vom Rest des Satzes ab, wenn direkt nach dieser Einheit ein Verb kommt, sie also ein sogenanntes *Vorfeld* bilden. Das Deutsche ist eine Verb-Zweit-Sprache, das heißt: Wenn man nicht die einzelnen Wörter, sondern die Einheiten betrachtet, die die Wörter bilden, dann steht das Verb in Aussagesätzen immer an zweiter Stelle (zum Beispiel: [Er] *geht* Croissants holen. [Seine Frau] *wartet* auf ihn). Aussagesätze sind deshalb daran erkennbar, dass das Verb an zweiter Stelle steht (in einer Frage steht das Verb zum Beispiel an erster Stelle: *Holst* du Croissants?). *Nach einem ausführlichen Frühstück mit zwei Schokocroissants und frischgepresstem Orangensaft* ist in dem Satz eine Einheit, aber weil diese Einheit so lang ist, ist nur schwer erkennbar, dass das Verb an zweiter Stelle steht. Das Komma könnte also den Zweck erfüllen, die Struktur des Satzes besser erkennbar zu machen. Eine andere Hypothese ist, dass Schreibende dieses Komma setzen, weil ihnen die Präpositionalphrase wie ein Nebensatz vorkommt

auf die sich eine Sprachgemeinschaft geeinigt hat, aber sie bilden nicht die gesamte Sprachstruktur und alle inneren Logiken der Sprache ab. Etwas kann sprachlich sinnvoll sein und der Struktur der Sprache entsprechen, ohne nach den Rechtschreibregeln korrekt zu sein. In der Linguistik würde deshalb niemand auf die Idee kommen, Roswitas Kommasetzung zu kritisieren. Niemand würde raunzen: »Das ist grammatisch nicht korrekt, das Komma darf man dort nicht setzen!« Linguist*innen würden dieses verirrte Komma vielmehr hochinteressant finden und sich fragen, welche Gründe dahinter stecken könnten.[11]

Eine Biologin würde ja auch nicht in Gummistiefeln durch einen Teich waten und sagen: »Die Kaulquappe da vorne sieht komisch aus, so sehen Kaulquappen normalerweise gar nicht aus, die finde ich nicht gut!« Sie würde stattdessen so aufgeregt werden, dass ihr Wasser in die Stiefel schwappt, und versuchen, die Kaulquappe zu fangen und herauszufinden, ob das Tier zu einer neuen Froschart gehört, die vor ihr noch niemand entdeckt und beschrieben hat. Sprachwissenschaftler*innen machen es ähnlich: Sie versuchen, herauszufinden, welche – vielleicht noch unentdeckten – sprachlichen Strukturen und Mechanismen hinter vermeintlichen Fehlern und sprachlichen Unregelmäßigkeiten liegen, und sie träumen dabei heimlich davon, ein ganz besonderes Phänomen zu entdecken.

Die Sprachwissenschaftler*innen würden sich anschließend einen Tee kochen, sich in ihre Büros in den hinteren Ecken der Universität zurückziehen, wo die Geisteswissenschaften verstaut werden, und abwarten, ob sich das neue sprachliche Phänomen durchsetzt. Sie würden sich hüten, zu sagen »Das *sollte* sich nicht durchsetzen!«. Und genau das tun die meisten von ihnen derzeit auch beim Genderthema: Sie warten ab. Sie lassen die Menschen erst einmal machen und beobachten teetrinkend, wie sich die

---

(vgl. *Nachdem sie mit zwei Schokocroissants und frischgepresstem Orangensaft ausführlich gefrühstückt hatte,* ging sie zur Arbeit.).
Vgl. Berg, Kristian, Ursula Bredel, Nanna Fuhrhop & Niklas Schreiber: Was determiniert das Vorfeldkomma? Untersuchungen zur Verteilung einer nicht-standardisierten Kommatierung. In: Linguistische Berichte 261 (2020). S. 85–116.

11 Diese Objektivität ist natürlich etwas rein Berufliches. Privat finden Sprachwissenschaftler*innen viele sprachliche Phänomene doof. Der Linguist Philipp Krämer hat zum Beispiel einmal auf Twitter für eine Präskriptivismusquote in der Linguistik plädiert: »Jede*r darf genau 1 Phänomen leidenschaftlich und unwissenschaftlich verabscheuen, mehr nicht. Bei mir das Komma zwischen Vorfeld und Verb [...]. Diese oft anzutreffende Erscheinung, wäre meine Wahl.« (Tweet von @ph_kraemer vom 02.09.2020)

Sache entwickelt. Denn es wäre vorschnell, gegenderte Sprache mit Gendersternen, Gendergaps und dem ›Knacklaut‹ beziehungsweise Glottisverschlusslaut[12] als ›falsch‹ abzustempeln, nur weil sie komisch und seltsam aussieht und weil es so etwas vorher noch nicht gab. Wenn gegenderte Sprache oberflächlich ›falsch‹ aussieht, muss das noch lange nicht heißen, dass sie nicht doch nach den Strukturen unserer Sprache funktionieren und damit ins Sprachsystem passen könnte. Dementsprechend gibt es in der Linguistik keine wissenschaftliche Debatte über die Frage, ob und wie man gendern sollte, von der ich in diesem Buch berichten könnte. Was es aber gibt, sind Beschreibungen des Ist-Zustands und der Entwicklung des Deutschen, die für das Genderthema relevant sind. In diesem Buch trage ich deshalb die wichtigsten Erkenntnisse und Überlegungen aus der Linguistik zusammen, die dabei helfen, zu verstehen, wo und warum Gendern aus linguistischer Perspektive nötig sein kann und wie man es machen könnte, damit es funktioniert. Ich habe die Zutaten zusammengetragen, die man als Argumentations- und Entscheidungsgrundlage verwenden kann. Die deutsche Sprache wird in den folgenden Kapiteln von allen Seiten, in all ihren Aspekten durchleuchtet, sodass ihre sexistischen Stellen sichtbar werden.

Man kann sich die Sprache wie einen gewebten Teppich vorstellen, auf den immer wieder neue Muster aufgestickt werden. Manche Strukturen liegen tief unten im Material und müssen erst einmal offengelegt werden, damit man sie erkennen kann. Das Genderthema betrifft so viele Ebenen und Aspekte der Sprache, dass man anhand dieses Themas noch sehr viel anderes ergründen kann: in welche Kategorien wir die Welt anhand von Sprache einteilen zum Beispiel, warum wir uns immer wieder anders ausdrücken als jeweils die Generationen vor uns und wie sehr wir uns in unserem Denken von der Sprache lösen können. Dieses Buch ist deshalb auch ein Buch über das Deutsche und darüber, was unsere Sprache kann – was sie mit uns macht und wie wir mit ihr Ideen bändigen und in die Köpfe anderer pflanzen können.

Ich will nicht behaupten, dass eine Sprache, in der Menschen nicht mehr ungleich behandelt werden, alle Ungleichheit in der Welt aufheben könnte.

12 Der Glottisverschlusslaut wird in Genderleitfäden oft fälschlicherweise als ›Lücke‹ oder ›Pause‹ bezeichnet. Es handelt sich aber um einen Laut, nicht um eine Sprechpause. Im Kapitel *Wie man weniger sexistische Wörter baut* gehe ich darauf noch genauer ein.

Die Sprache ist nur ein Baustein von vielen. Nicht nur sie wirkt auf uns ein, sondern auch die Bilder in den Medien, Menschen, Institutionen, Strukturen, unser Umfeld, unsere Erfahrungen und Gedanken. Aber die Sprache ist ein wichtiger, für uns als Menschen essenzieller Baustein. Wir verständigen uns mit ihr. Sie begleitet uns jeden Tag. Sie legt unserem Denken möglicherweise keine Kandare an, aber sie beeinflusst es, sie ist eine Art Stütze für unsere Gedanken. Wenn Menschen in ihr keinen Platz finden, in problematische Schubladen gezwängt und unterschiedlich wertgeschätzt werden, dann sollten wir etwas daran ändern.

Das wird Sie und mich sicherlich einige Nerven kosten. Das ist unvermeidbar und liegt am Thema selbst. Ob und wie das Problem, dass unsere Sprache aktuell sexistisch ist, mit umfassenden Umbauarbeiten behoben werden sollte, wird wohl auch weiterhin eine hitzig geführte, oft von subjektiven Kriterien wie Ästhetik und Gewohnheit geleitete Debatte bleiben. Das heißt aber nicht, dass man dieser Debatte nicht so viele objektive Kriterien wie möglich zugrunde legen kann. Wenn wir unsere Sprache gerechter machen wollen, dann sollten wir das mithilfe jener Wissenschaft tun, die die Sprache untersucht, seziert und versteht, der Linguistik.

Man sollte für die Umbauarbeiten an der Sprache die Baupläne verwenden, die Sprachwissenschaftler*innen von unseren Wörtern, Sätzen und Texten gezeichnet haben, und nicht einfach irgendwo nach Gutdünken mit etwas billigem Klebeband und viel zu kleinen Schrauben Bauelemente ummontieren oder neue aus Plastik hinzufügen. Sonst wird die Angelegenheit instabil und hält nicht. Welchen Sinn würde es ergeben, die Sprache mühevoll zu ändern, wenn es am Ende immer noch irgendwo im Getriebe quietscht? Wir müssen nicht immer wieder von vorne anfangen mit dem Nachdenken über Sprache. Wir können auf den Erkenntnissen und Theorien aufbauen, die die Linguistik bereits gewonnen und aufgestellt hat.

Die Linguistik ist bisweilen sehr kompliziert, deshalb ist vieles in diesem Buch stark vereinfacht dargestellt. In den Fußnoten finden Sie Kommentare und Literaturhinweise, die Sie, wenn Sie ein Thema näher interessiert, zu den Fachtermini und einer präziseren Darstellung führen. Meistens habe ich auf Fachbegriffe verzichtet und sie durch alltäglichere Wörter ersetzt. Weil das Problem so vielschichtig ist, nähern wir ihm uns von verschiedenen Seiten. Wir nehmen die Sprache Stück für Stück auseinander, bis es offen vor uns liegt, und suchen dann nach neuen Bauteilen, mit denen wir das Sprachsystem gerechter machen können.

1. KAPITEL
Was ist überhaupt das Ziel?

Die deutsche Sprache ist eigentlich besessen von Geschlecht, indem alles immer in Geschlechter – und zwar in genau zwei Geschlechter – einsortiert werden muss. […]
Im Prinzip ist der traditionelle Sprachgebrauch viel merkwürdiger gegendert als das, was jetzt an neuen Formen entsteht.

Anatol Stefanowitsch (Linguist)[13]

Eines meiner Lieblingslieder handelt davon, wie es ist, nicht mehr eine ›Frau‹ sein zu wollen. Es trägt den Titel *iT* und ist geschrieben und gesungen von Héloïse Letissier, unter dem Künstler*innennamen *Christine and the Queens* als Singer-Songwriter*in bekannt. Letissier ist genderqueer, identifiziert sich also weder als ›Frau‹ noch als ›Mann‹. Die Kunstfigur, die Letissier für die Bühne und die Musik geschaffen hat, spielt mit Genderstereotypen und weicht sie auf: eine zierliche, muskulöse Person in fließenden Hemden und Anzügen, die die Haare zu manchen Zeiten kurz trägt und dann wieder schulterlang, die in ihrem Tanz mal hart und kantig wirkt und ein anderes Mal sehr weich, eine androgyne Person. In dem Lied *iT* aber singt ein ›weibliches‹ Ich davon, dass es ein ›Mann‹ geworden ist:

»I've got it
I'm a man now
Yes I've got it
I'm a man now
And there's nothing you can do
To make me change my mind
I'm a man now«

13 In der Talkshow Diskuthek. Politisch korrekte Sprache: Sollte Gendern Pflicht sein? Auf dem Youtube-Kanal des Magazins Stern am 20.01.2022 veröffentlicht.

Und eine leisere Stimme antwortet:

»She's a man now
She's a man now
And there's nothing we can do
To make her change her mind«

Wer kann die Person in diesem Lied sprachlich werden, wenn sie das ›Frausein‹, so, wie die Gesellschaft es ihr vorgibt, ablegen möchte? Welche Worte kann sie dann verwenden, um über sich zu sprechen? Wenn das Wort *Frau* ihr zu eng, zu einschränkend ist? Ist dann die einzige andere Möglichkeit, ein *Mann* zu sein? Während Letissier als Künstler*in mit Kleidung, im Tanz und im Auftreten Genderkategorien verschwimmen lässt, bleibt das Alter Ego in diesem Lied sprachlich in einer binären Genderlogik gefangen. Entweder, man ist eine ›Frau‹, *she*. Oder, wenn man keine ›Frau‹ sein will, dann wird man eben ein ›Mann‹, *a man*. Wie weit können unsere auf zwei Genderkategorien getrimmten Gehirne aus dieser Binarität ausbrechen?

Wer eine Sprache unter die Lupe nimmt, sieht dabei immer auch die Strukturen und Bausteine unseres Denkens vor sich. In welchen Kategorien denken wir Menschen? Wo ziehen wir Grenzen zwischen Dingen, Begebenheiten – und Menschen? Dass wir im Deutschen genauso wie im Englischen Wörter haben, die ›Frauen‹ und ›Männer‹ voneinander unterscheiden, zeugt davon, dass wir diese Unterscheidung auch in unserem Denken machen und dass sie uns wichtig ist. So wichtig, dass wir diesen von uns wahrgenommenen Unterschied zwischen der einen und der anderen Hälfte der Menschheit als tragendes Element in unsere Sprachen eingebaut haben. Wir unterscheiden *Männer* und *Frauen*. *Er* und *sie*. *Mein Freund* Tobias und *meine Freundin* Rebekka. *Der Seemann, der* sich verabschiedet. Unsere Sprache ist sehr präzise, wenn es um Gender, also soziales Geschlecht, geht. Sie knallt es uns um die Ohren, sodass wir gar nicht anders können, als *meinen Freund* Tobias als ›Mann‹ und *meine Freundin* Rebekka als ›Frau‹ wahrzunehmen. Gender ist in unserer Sprache aber nicht etwa ein Kontinuum. Was passiert mit denjenigen, die sich in der sozialen Wirklichkeit auf dem Genderkontinuum eher in der Mitte zwischen den beiden Polen befinden? Die nicht so klar der einen oder der anderen Gruppe zugeteilt werden können und wollen? Für sie hat unsere Sprache wenig übrig.

Zwar hat die Sprachgemeinschaft mittlerweile einige Wörter ge- und erfunden, die diese Menschen sprachlich vorkommen lassen: *nicht-binär* zum Beispiel, *queer, divers, agender* und *genderfluid*. All diese Wörter kann man auch dann, wenn man nicht zum Beispiel mit dem Genderstern gendert, verwenden, um nicht-binäre Genderidentitäten zu beschreiben. Die Kategorien ›Frau‹ und ›Mann‹ können wir außerdem mit Anführungszeichen als soziale Konstrukte markieren oder mit dem Adjektiv *cis* kenntlich machen, wenn jemand schon bei der Geburt dem Gender zugeordnet wurde, dem er sich heute selbst zuordnet. Dass das nicht bei jeder ›Frau‹ und jedem ›Mann‹ der Fall sein muss, können wir zum Beispiel mit dem Wort *transgender* deutlich machen. Zudem öffnen sich die Kategorien ›Frau‹ und ›Mann‹: Sprecher*innen des Deutschen definieren ›Männlichkeit‹ und ›Weiblichkeit‹ im Laufe der Zeit neu und damit auch, für wen und wie sie Wörter wie *Mann* und *Frau* verwenden. Die Sprachgemeinschaft hat den Wortschatz des Deutschen bereits erweitert und umsortiert. Gender ist in der Sprache auch dann, wenn nicht extra gegendert wird, nicht mehr immer starr binär.

Und doch ist unsere Sprache, wenn wir nicht gendern, meistens ›Männern‹ und ›Frauen‹ vorbehalten. Wie das Alter Ego in dem Lied sind wir beim Sprechen und Schreiben in einer binären Genderlogik gefangen – nicht immer zwar, aber fast immer. Von den meisten Wörtern für Menschen gibt es genau zwei Versionen: eine für ›Frauen‹ und eine für ›Männer‹. Wenn wir von einer konkreten Person sprechen möchten, dann müssen wir uns also entscheiden: Ist diese Person eine *Politikerin* oder ein *Politiker*? Ist sie *Schülerin* oder *Schüler*? Meine *Nachbarin* oder mein *Nachbar*? Nur wenige Personenbezeichnungen im Wortschatz des Deutschen können den Menschen sprachlich kein Gender zuordnen, wie zum Beispiel *Mensch*, *Person* oder *Mitglied*.[14] Diese Wörter verwenden wir für ›Frauen‹ wie ›Männer‹ gleichermaßen. Von ihnen gibt es keine zwei Versionen, die wie geschlechtergetrennte Toilettenräume jeweils explizit für eines der beiden traditionellen Gender gedacht sind.

Selbst dann, wenn man maskulinen Wörtern wie *Nachbarn, Mieter* und *Freunde* zutraut, sich je nach Kontext sowohl nur auf ›Männer‹ als auch

14 Daran ändert auch die Tatsache nichts, dass es *der* Mensch und *die* Person heißt. Um die Frage, ob wir trotzdem davon beeinflusst werden, dass *der* Mensch ein grammatisches Maskulinum und *die* Person ein grammatisches Femininum ist, geht es in dem Kapitel *Wie viel Macht hat Sprache?*

auf ›Männer‹, ›Frauen‹ und nicht-binäre Personen beziehen zu können, teilen wir die Menschen sprachlich ständig in zwei Lager. Denn das sogenannte ›generische Maskulinum‹ funktioniert auch in der Theorie nur dann, wenn es sich um eine Gruppe von Menschen mit unterschiedlichem oder unbekanntem Gender handelt (Ich habe ein gutes Verhältnis zu meinen *Nachbarn*), oder um eine Person, die kein bestimmtes Individuum und deren Gender deswegen unbekannt oder irrelevant ist (Ich sollte mal wieder zum *Zahnarzt*).[15]

Sobald wir über eine *konkrete* Person sprechen, verwenden wir im Deutschen nicht mehr stets die maskuline Wortform (*der* Nachbar), sondern teilen die Person sprachlich explizit einer der beiden Kategorien ›Frau‹ und ›Mann‹ zu. Meine *Nachbarin*, meine *Chefin* und meine *Freundin* sind sprachlich eindeutig ›Frauen‹ und ich würde sie nicht als *Nachbar*, *Chef* oder *Freund* bezeichnen. Der Satz *Mein Freund Irina ist nach München gezogen* klingt genau deshalb seltsam. Wenn ich wiederum davon spreche, dass mein *Chef* angerufen hat, dann können Sie sich sicher sein, dass ich einen ›Mann‹ meine und nicht eine ›Frau‹.[16] Erst, wenn ich von *meinen Chefs*, also von mehreren Personen spreche, könnten auch ›Frauen‹ dabei sein. Wenn wir wiederum über mehrere ›Frauen‹ statt über ›Frauen‹ und ›Männer‹ sprechen, drücken wir ihr Gender ebenfalls sprachlich klar erkennbar aus: Rebekka und Nina sind meine *Freundinnen*, nicht meine *Freunde*. Wenn es um konkrete Personen und um Gruppen ohne ›Männer‹ geht, ist uns Gender offensichtlich so wichtig, dass wir es sprachlich ausdrücken.

Unser Sprache zwingt uns in diesen Fällen, Gender zu benennen, aber sie stellt uns gleichzeitig nicht das sprachliche Material zur Verfügung, mit dem wir mehr als zwei Genderkategorien benennen könnten. Wie schlimm ist das? Können wir nicht unser Denken von der Sprache lösen und Gender trotzdem flexibler denken? Muss das wirklich heißen, dass wir Menschen

---

15 Vgl. Klann-Delius, Gisela: Sprache und Geschlecht. Suttgart: J. B. Metzler 2005, S. 26.

16 Es sei denn, man weitet das generische Maskulinum auf alle Wörter aus, die Menschen bezeichnen und von denen es bis jetzt eine ›weibliche‹ und eine ›männliche‹ Version gibt. Dann würde ich mich als *Autor* dieses Buches bezeichnen, meine Freundin Rebekka wäre *Student* und außerdem mein *Freund* und Sandra Ciesek wäre *Virologe*. Es gibt durchaus Menschen, die vorschlagen, durchweg nur noch Maskulina zu verwenden (dazu mehr im Kapitel *Operation am offenen Herzen*), aber die meisten Sprecher*innen des Deutschen sprechen und schreiben nicht so. Aktuell lautet die Regel also noch: Sobald es um eine konkrete Person geht, wird sprachlich nach dem Gender getrennt und Sandra Ciesek als *Virologin* bezeichnet.

auch gedanklich stumpf in ›Frauen‹ und ›Männer‹ einteilen? In dem Lied singt Letissier zwar davon, dass sie jetzt *a man* ist, aber wir können doch trotzdem beobachten, wie androgyn die Person, die da in Musikvideos und auf der Bühne singt, sich kleidet, wie sie sich gibt, *wer* sie ist – oder nicht? Wie sehr lenken die Kategorien, die uns unsere Sprache auftischt, unsere Gedanken? Diese Fragen sind zentral, wenn man entscheiden will, ob, wann und wie man gendert. Das Ziel beim Gendern ist, unser Denken zu beeinflussen – unter der Annahme, *dass Sprache unser Denken beeinflusst.* Wie genau sie das tut, ist eine sehr komplexe Frage, die ich in den folgenden Kapiteln noch ausführlich beleuchten und beantworten werde.

Unabhängig von der Frage, wie stark der Einfluss unserer Sprache auf unser Denken ist, ist jedoch eine Tatsache unbezweifelbar wahr: Für Genderidentitäten außerhalb der binären Ordnung bietet sie kaum Möglichkeiten. Wenn wir uns vor unser Sprachsystem stellen und nüchtern betrachten, aus welchen Bauteilen es besteht, dann sind da jede Menge ›weibliche‹ und ›männliche‹ Bauteile. Die deutsche Sprache teilt Menschen vornehmlich zwei Genderkategorien zu und schließt damit nicht-binäre Personen aus.

Gendern soll diese Binarität aufbrechen und die Sprache für ein Spektrum an Genderidentitäten öffnen. Es soll neue, nicht-binäre Bauteile ins Sprachsystem einbauen. Das ist jedenfalls das Ziel, das Sprachkritiker*innen der dritten feministischen Welle postulieren. Im Jahr 2003 plädiert zum Beispiel Philosoph*in Steffen Kitty Herrmann in der Zeitschrift *arranca!* dafür, Unterstriche in Wörter zu setzen. Herrmann schreibt, der *Vorstellungshorizont unserer Sprache* sei auf eine binäre Struktur eingegrenzt.[17] Dieser Vorstellungshorizont soll erweitert werden, indem der Gendergap in Wörtern (*Bauarbeiter_innen*) Raum für *mehr* lässt. Die Idee beim Genderstern ist ähnlich. Er wird wie der Gendergap in den 2000er-Jahren erfunden[18] und soll ebenfalls die Vielfalt der Genderidentitäten einbeziehen.

Das Ziel beim Gendern ist dann: *mehr* Gender. Die Wörter sollen mit Gender *angereichert* werden, wo sie bislang nur eine oder höchstens zwei Genderidentitäten einbezogen haben. Wenn das funktioniert, ist das

17 Herrmann, Steffen Kitty (S_HE): Performing the Gap. Queere Gestalten und geschlechtliche Aneignung. In: Arranca! 18 (2003). S. 22–26.

18 Acke, Hanna: Sprachwandel durch feministische Sprachkritik. Geschlechtergerechter Sprachgebrauch an Berliner Universitäten. In: Zeitschrift für Literaturwissenschaft und Linguistik 49 (2019) 2. S. 303–320, hier S. 307.

Ergebnis eine *geschlechtergerechte* oder *gendergerechte* Sprache, in der alle Genderkategorien gleichberechtigt vorkommen und die uns nicht zwingt, uns in unseren Worten und Sätzen auf eine oder zwei Genderkategorien zu beschränken.

Aber warum muss Gender überhaupt in so vielen Wörtern, mit denen wir Menschen bezeichnen, eine Rolle spielen? Gender ist im Deutschen allgegenwärtig. Wozu soll das gut sein? Könnte man nicht Gender auch weitgehend aus der Sprache entfernen, um eine gerechtere Sprache zu erhalten? Könnten gegenderte Wörter wie die mit Gendergap und Genderstern nicht *genderneutral* sein, also überhaupt nichts mit Gender am Hut haben? Es macht einen großen Unterschied, ob ein Wort explizit alle Genderidentitäten, die es gibt, beinhaltet, oder ob es nichts mit Gender am Hut hat. Im ersten Fall ist das Wort *gendergerecht*, weil es ausgewogen alle Gender repräsentiert. Im zweiten Fall ist das Wort *genderneutral*. Es ist frei von Gender.

Sprachlich exgendernd zu handeln, also genderlos zu sprechen oder schreiben,
macht einen entscheidenden Unterschied:
für sich nicht gendernde Menschen, für andere,
die respektvoll kommunizieren
und die Selbstwahrnehmung anderer respektieren wollen.

Lann Hornscheidt (Linguist*in)[19]

Wäre es nicht schön, wenn man die Sprache mit dem Gendern genderneutral machen könnte? Dann könnten wir zwar mit Wörtern wie *queer*, *Frau* oder *Mann* bei Gelegenheit über das Gender von Personen sprechen. Aber wir müssten es nicht ständig, in fast jedem Satz, den wir formulieren, tun. Warum sollte ich meinen Leser*innen auch derart penetrant unter die Nase reiben, welches Gender die Personen haben, über die ich spreche? Andere Merkmale spielen sprachlich schließlich auch die meiste Zeit über überhaupt keine Rolle: unsere Hautfarbe, unsere Körpergröße und unsere Religion zum Beispiel. Ich kann, wenn ich möchte, über den Beruf oder das Alter einer Person sprechen, aber ich muss das nicht in fast jedem einzelnen Satz tun. Gender müsste sprachlich gar nicht relevant sein.

19 Hornscheidt, Lann: Gender sprachlich loslassen. Bpb.de. 08.08.2018.

Ich rede hier nicht davon, Gender in der Welt oder in unserem Denken abzuschaffen. Aber aus unserer Sprache könnten wir Gender möglicherweise weitestgehend verbannen, von wenigen Wörtern abgesehen, mit denen wir Gender ausdrücken könnten, wenn wir es gerade wirklich brauchen. Der Begriff *Gendern* wäre in dem Fall irreführend: Die Sprache würde eigentlich nicht *gegendert,* sondern *entgendert.*

Girlfriend, don't feel like a girlfriend
But lover,
Damn, I'd be your lover.

Christine and the Queens – Girlfriend

Die Italienerinnen schauen mich von meinem Laptop-Bildschirm aus verständnislos an. Ich leite in diesem Corona-Semester an der Universität Bonn einen Online-Deutschkurs. Alle zwei Wochen treffen wir uns über Zoom und diskutieren über ein aktuelles gesellschaftliches Thema, damit die Italienerinnen sicherer im Sprechen werden. Heute will ich mit ihnen übers Gendern im Deutschen diskutieren. »Das Ziel beim Gendern ist, die Sprache genderneutral zu machen«, erkläre ich in die Laptopkamera. »Die Kategorie Gender soll keine Rolle mehr spielen. Alle Menschen sollen sprachlich einfach Menschen sein.« Die Italienerinnen schauen nachdenklich auf die Wörter mit Gendersternen und Gendergaps, die ich auf die virtuelle Tafel geschrieben habe. Schließlich meldet sich eine von ihnen zu Wort: »Ich finde es wichtig«, sagt sie, »dass ich in der Sprache eine *Frau* bin. Eine Frau zu sein, bedeutet etwas anderes, als ein Mann zu sein. Ich bin eine *Studentin* und kein *Student*. Ich möchte als Frau angesprochen werden.«

Als die Sache mit dem Gendern in Deutschland in den 1970er-Jahren mit der zweiten feministischen Welle aufkam, war genau das das Ziel: ›Frauen‹ in der Sprache sichtbarer zu machen. Das Ziel war nicht, Gender aus der Sprache zu verbannen, sondern, ›Frauen‹ explizit anzusprechen und nicht mehr länger nur bei der ›männlichen‹ Wortform mitzumeinen. Unser Sprachsystem war und ist, wenn es um Gender geht, außerordentlich asymmetrisch. In unserer Gesellschaft ist oft das ›Männliche‹ die Norm und das spiegelt sich in der Sprache wider.

Man versuchte also, diese Asymmetrie auszugleichen und die Sprache ›weiblicher‹ zu machen, indem man zum Beispiel nicht mehr nur von

Bürgern sprach, sondern von *Bürgerinnen und Bürgern*, und indem man mit neuen Formen wie dem Pronomen *frau* (für *man*) experimentierte. Aus dieser Zeit stammt außerdem das Binnen-I, das Wörter zu hybriden Formen aus ›weiblichen‹ und ›männlichen‹ Bestandteilen machen soll: *BürgerInnen.* In einer Richtliniensammlung für geschlechtergerechte Sprache fordern zum Beispiel die beiden Linguistinnen Marlis Hellinger und Christine Bierbach 1993 *sprachliche Symmetrie*, also absolute sprachliche Gleichbehandlung von ›Frauen‹ und ›Männern‹.[20] In unserer Sprache herrschte und herrscht immer noch ein Ungleichgewicht zwischen den Wörtern für ›Frauen‹ und den Wörtern für ›Männer‹, und es ging lange Zeit vor allem darum, diesem Ungleichgewicht entgegenzuwirken, indem man das ›Weibliche‹ nachholte.

Die Asymmetrie zeigt sich insbesondere in einer sprachlichen Gewohnheit: Die sprachliche Form, die sowohl ›Frauen‹ als auch ›Männer‹ gleichzeitig benennen soll, ist das generische Maskulinum, nicht das generische Femininum. Selbst, wenn das generische Maskulinum funktioniert und Menschen unter *Nachbarn* auch ›Frauen‹ verstehen, so ist die Wortform doch dieselbe, die auch dann verwendet wird, wenn nur von ›Männern‹ die Rede ist. ›Frauen‹ werden damit sprachlich in eine Sonderkategorie gedrängt. ›Männer‹ können sich immer sicher sein, dass sie gemeint sind, aber ›Frauen‹ nicht. Wenn ich von *meinen beiden Nachbarn* spreche, meine ich dann zwei ›Männer‹ oder vielleicht doch einen ›Mann‹ und eine ›Frau‹? Wenn ich hier drei *Linguisten* erwähne, können Sie sich dann sicher sein, dass unter den drei Personen eine oder zwei ›Frauen‹ sind? Mindestens ein ›Mann‹ ist ganz sicher dabei. Die Linguistin Luise Pusch vergleicht das deutsche Sprachsystem deshalb mit einer Lotterie, in der »Männer mit jedem Los gewinnen […], Frauen aber nur mit jedem zweiten«.[21]

Das Ziel der Sprachkritiker*innen der zweiten feministischen Welle, die Doppelformen verwendeten und das Binnen-I einführten, war eine *gendergerechte* Sprache, in der ›Frauen‹ und ›Männer‹ gleichermaßen vorkommen, und nicht eine *genderneutrale* Sprache, in der Gender gar

20 Hellinger, Marlis & Christine Bierbach: Eine Sprache für beide Geschlechter. Richtlinien für einen nicht-sexistischen Sprachgebrauch. Bonn: Deutsche UNESCO-Kommission 1993.

21 Pusch, Luise: Das Deutsche als Männersprache. 2. Auflage. Frankfurt am Main: Suhrkamp 1985 [1984], S. 27.

nicht vorkommt. Ihr Ziel gleicht damit dem der Sprachkritiker*innen der dritten feministischen Welle, die Varianten mit Genderstern, Gendergap, Doppelpunkt und so weiter vorschlugen, um alle Genderidentitäten gleichberechtigt in der Sprache vorkommen zu lassen. Der Unterschied zwischen beiden Bewegungen liegt darin, dass Gender in den Anfängen der feministischen Sprachkritik in der Regel noch nicht als Spektrum gedacht und *alle Menschen* damit sprachlich weiterhin in lediglich zwei Kategorien eingeteilt wurden.

Erst später, ab den 2000er-Jahren, war das explizit geäußerte Ziel beim Gendern, dass nicht nur die soziale Genderkategorie ›Frau‹, sondern alle Genderidentitäten gleichberechtigt neben der Kategorie ›Mann‹ in der Sprache vorkommen. *Gendergerechte* Sprache soll seitdem nicht nur das Ungleichgewicht von ›Frauen‹ und ›Männern‹ in der Sprache ausgleichen, sondern das Ungleichgewicht in der Repräsentation aller Gender.

Doch müsste dieses Ziel nicht auch mit einer *genderneutralen* Sprache erreicht werden können? Denn nicht nur ein Wort, das alle Genderkategorien beinhaltet, kann auf Menschen jeden Genders verweisen. Sondern auch ein Wort, das das Kriterium Gender gar nicht beinhaltet. Und so ist bislang nicht geklärt, ob das Ziel beim Gendern eine *gendergerechte* oder eine *genderneutrale* Sprache sein sollte. Beide Begriffe werden in der Debatte oft gleichgesetzt. Doch eine wirklich gender*neutrale* Sprache wäre etwas fundamental anderes als eine Sprache, in der alle Genderkategorien gleichberechtigt vorkommen.

Wollen wir unsere Wörter mit dem Ziel neu zusammenbauen, dass sie explizit auf alle Gender verweisen? Soll Gender weiterhin an fast jedem Wort kleben, mit dem wir einen Menschen benennen? Oder wollen wir das Gender von den Wörtern abkratzen, damit sie danach vollkommen frei von Gender sind? Welche von beiden Möglichkeiten das Ziel beim Gendern sein sollte, sollten wir auch davon abhängig machen, wie Wörter funktionieren und was dementsprechend überhaupt möglich ist.

2. KAPITEL
Wie viel kann ein Genderstern ausrichten?

Beim nächsten generischen Sternchen lohnt es sich darum auf jeden Fall,
kurz innezuhalten und zu überlegen,
wie die Formulierung präziser werden könnte.
Auf wen trifft eine Aussage zu?
Wen lade ich auf dieser Veranstaltung wirklich ein?
An wen richtet sich jener Text?
Meine ich Frauen? Oder nur cis Frauen?
Oder Frauen und nicht-binäre Personen? Oder Frauen und Femmes?
Oder Frauen und trans Männer? Oder nur Menschen, die eine Vulva haben?
Oder nur Menschen, die menstruieren?
Oder Menschen, die schwanger werden können?
Oder Menschen, die sexualisierte Belästigung erfahren?
Oder Menschen mit X-Erfahrung? Oder pauschal alle außer cis Männer?
Alle Frauen, Lesben, inter und trans Personen?
Dann sag es doch entsprechend.

Hengameh Yaghoobifarah (Autor*in)[22]

Man kann Wörtern nicht vorschreiben, was sie bedeuten sollen. Wörter sind eigensinnig, sie machen nicht immer, was man von ihnen verlangt. Wenn in einem Leitfaden für gegenderte Sprache steht, das Wort *Professor_innen* hätte die Bedeutung »Menschen jeden Geschlechts, die eine Professur innehaben«[23], dann muss das noch lange nicht heißen, dass das Wort *Professor_innen* auch tatsächlich für jede Person, die es irgendwo liest oder hört, genau das bedeutet. Es ist vermutlich eher ein Wunsch: Menschen, die dieses Wort verwenden, *möchten*, dass es für andere diese Bedeutung hat.

22 Yaghoobifarah, Hengameh: Stars und Sternchen. Missy-Magazine.de. 11.05.2018.
23 Miemietz, Bärbel: Gender Gap und Glottal Stop. Informationen zu geschlechtergerechtem Sprechen und Schreiben. Leitfaden der Medizinischen Hochschule Hannover 2019, S. 8.

Wir handeln die Bedeutung von Wörtern normalerweise fortwährend in unserer Kommunikation miteinander aus. Die Sprachgemeinschaft entscheidet über die Bedeutung eines Wortes. Das kann heißen: alle, die die jeweilige Sprache sprechen. Innerhalb der Sprachgemeinschaft des Deutschen gibt es allerdings noch kleinere Sprachgemeinschaften. Dialektsprecher*innen zum Beispiel. Jugendliche sprechen miteinander anders als ihre Lehrer*innen, wenn die sich in der Pause bei einem Kaffee unterhalten. Akademiker*innen sprechen untereinander – nicht nur wegen ihrer Bildung, sondern auch, um diese Bildung zu performen – anders als Nicht-Akademiker*innen. Je nachdem, mit wem wir sprechen und in welchem Kontext wir das tun, bei der Arbeit, in einem Whatsapp-Chat, am Esstisch mit unserer Familie, passen wir unsere Sprache an. Es gibt Wörter, die mit einer bestimmten Bedeutung nur im sehr kleinen Kosmos einer einzigen Familie existieren.

In der Familie der Linguistin Susanne Kabatnik wurde zum Beispiel irgendwann aus den Wortformen *geschah* (»Was geschah?«) und *passiert* (»Was ist passiert?«) die neue Wortform *passar*. Seitdem sagt man in dieser Familie: »Erzähl, was passar!«[24] Wenn man *was passar* googelt, bekommt man keine Treffer. Für die meisten Sprecher*innen des Deutschen gibt es *passar* nicht und hat diese Buchstabenfolge also – wenn sie denn Deutsch sein soll und nicht zum Beispiel Portugiesisch – keinerlei Bedeutung. Aber für die Mitglieder der Familie Kabatnik hat *passar* sehr wohl eine Bedeutung. Sie haben sich darauf geeinigt, dass man diese Wortform verwenden kann, wenn man wissen möchte, was vorgefallen ist.[25]

Ich kann also gendern, wenn ich mich mit meinen engsten Freund*innen unterhalte, und weil diese Freund*innen und ich uns schon viel übers Gendern unterhalten haben und daher wissen, dass wir ähnliche Ansichten

24 Tweet von @SusaKabatnik vom 15.01.2022.

25 Oft haben derartige neue Wortformen und Wörter, die nur innerhalb von bestimmten Gruppen verwendet werden, etwas Scherzhaftes, Spielerisches an sich (in der Linguistik würde man von *Expressivität* sprechen). Sie können außerdem dazu dienen, Zuneigung, Vertrautheit und die Zugehörigkeit zu der Gruppe zu signalisieren. Eine ähnliche, Gruppenzugehörigkeit signalisierende Funktion vermuten einige Linguist*innen auch bei gegenderten Wörtern.
Vgl. Helga Kotthoff: Gender-Sternchen, Binnen-I oder generisches Maskulinum, … (Akademische) Textstile der Personenreferenz als Registrierungen? In: Linguistik Online 103 (2020) 3. S. 105–127.

über die soziale Kategorie Gender und über Sprache teilen, sind wir uns zumindest grob darüber einig, was die gegenderten Wörter bedeuten sollen.

Die Personengruppe, die sich über die Verwendung und die Bedeutung von gegenderten Wörtern einig ist, ist natürlich deutlich größer als im Fall von *passar*. Und doch muss die Tatsache, dass viele Menschen beim Sprechen und Schreiben gendern, noch lange nicht heißen, dass gegenderte Wörter von jedem Menschen, der Deutsch spricht, verstanden werden – und außerdem so verstanden werden, wie diejenigen, die gendern, es beabsichtigen. Schon bei meinem Freund*innenkreis stoße ich immer wieder an Grenzen. Zum Beispiel letztens, als ein Freund mitten in einer Whatsapp-Unterhaltung über ein völlig anderes Thema, in der ich ganz nebenbei mit dem Genderstern genderte, dazwischengrätschte und auf meinen Schreibstil zu sprechen kam:

> Tobias: »Du magst deine Sternchen«
> Ich: »Ich finde sie sinnvoll«
> Tobias: »hängt wohl vom Rezipienten ab. Ich finde das anstrengend«

Die Gendersterne schaffen es nicht auf magische Weise, dass Tobias an Menschen jeden Genders denkt. Da können sie noch so sehr in alle Richtungen zeigen. Die Wörter mit dem Stern können ihr Ziel erreichen – oder aber auch meterweit verfehlen.

Wörterbücher sind ein guter Gradmesser dafür, ob ein Wort eine relativ stabile Bedeutung hat, über die sich viele Sprecher*innen einig sind. Ein neues Wort schafft es erst dann in ein Wörterbuch wie den *Duden*, wenn eine nennenswerte Zahl an Menschen es über einen längeren Zeitraum hinweg mit einer bestimmten Bedeutung verwendet.[26] Der Duden würde sich gar nicht auf die wenig erfolgversprechende Mission einlassen, einem Wort einen Wörterbucheintrag zu gönnen, das sich zu dem Zeitpunkt nicht bereits einigermaßen durchgesetzt hat. Wörterbücher richten sich danach, wie die Sprachgemeinschaft Wörter verwendet, nicht umgekehrt. Wenn wir ein Wort in einem Wörterbuch nachschlagen, dann schauen wir letztendlich nach, wie andere Sprecher*innen es normalerweise benutzen.

---

26 Vgl. Artikel »Wie kommt ein Wort in den Duden?« auf Duden.de.

Dass Wörter mit Genderstern und Gendergap noch keine eigenen Einträge im Duden haben, liegt also unter anderem daran, dass sie einfach noch nicht genug Verwendung finden – zumindest nicht in den Zeitungstexten, Romanen, Reden und Bastelanleitungen, die die Duden-Redaktion auf der Suche nach neuen Wörtern durchkämmt.[27]

Genderleitfäden klopfen die Wörter, die sie auflisten, weniger kritisch daraufhin ab, in welcher Bedeutung Menschen sie verwenden und ob sich die Sprachgemeinschaft über ihre Bedeutung überhaupt einig ist. Wenn in einem Genderleitfaden behauptet wird, ein gegendertes Wort hätte eine bestimmte Bedeutung, dann muss das nicht stimmen. Auf der Website *Geschicktgendern.de* findet man zum Beispiel für gegenderte Wörter mit Binnen-I, Genderstern und Gendergap folgende Bedeutungseinträge:

> »MigrantInnen: Frauen und Männer werden angesprochen
> Abteilungsleiter*innen / Abteilungsleiter_innen: neben der weiblichen und männlichen Form werden auch Menschen, die sich weder dem männlichen noch dem weiblichen Geschlecht zuordnen möchten oder können, explizit angesprochen«[28]

Vom Binnen-I wird oft behauptet, es wäre eine binäre Form, würde also nur die beiden Genderkategorien ›Frau‹ und ›Mann‹ einschließen. Es wird deswegen kritisiert, gilt als veraltet. Es reproduziert angeblich dieselbe binäre Genderlogik, die bereits vor dem Gendern unsere Sprache beherrscht hat. So urteilt zum Beispiel die Website *Genderleicht.de* des *Journalistinnenbundes*: »Das Binnen-I ist heute nur noch selten in Gebrauch. Es bezieht die Dritte Option ›divers‹ nicht mit ein.«[29]

Es mag zwar so sein, dass die Feminist*innen der zweiten Welle, die sich das Binnen-I ausgedacht haben, zunächst vor allem den ›Frauen‹ zusätzlich zu den ›Männern‹ mehr Raum in der Sprache verschaffen wollten. Erst diejenigen, die ab den 2000er-Jahren Wörter mit Genderstern und Gendergap verwendeten, schafften ein stärkeres Bewusstsein dafür, dass es auch um andere Genderkategorien gehen muss. Aber heißt das auch, dass die Wörter mit Binnen-I für Menschen heute nur zwei Genderkategorien beinhalten? Denkt jemand, der ein Wort mit Binnen-I liest, nur an ›Frau-

27 Vgl. Artikel »Das Dudenkorpus« auf Duden.de.
28 Artikel »Vor- und Nachteile gängiger Schreibweisen« auf Geschicktgendern.de.
29 Artikel zum Binnen-I auf Genderleicht.de.

en‹ und ›Männer‹? Was an einem Wort mit Genderstern sollte auslösen, dass eine Leserin an mehr Genderkategorien denkt, als sie es tut, wenn sie ein Wort mit Binnen-I liest?

Der Stern zeigt in alle Richtungen und steht damit symbolisch für alle Genderidentitäten, wird oft behauptet. Aber Wörter funktionieren bisher nicht auf diese Art. Die Wörter, die wir bis jetzt im Deutschen haben, sind nicht symbolisch.[30] Sie sind durch Konventionen mit Bedeutungen verknüpfte Kombinationen aus Lauten, die im Geschriebenen durch Buchstaben repräsentiert werden. Nichts an einem Wort wie *Mann* oder *Frau* deutet darauf hin, welches Gender die Person hat, die damit bezeichnet werden kann. Weder das kantige *M* noch das ebenso kantige *F* am Anfang dieser Wörtern verraten irgendetwas über Gender. Wie diese Wörter aussehen, wie ihre Buchstaben geformt sind, wie lang sie sind – all das hat nichts mit ihrer Bedeutung zu tun. Eine Sprachgemeinschaft hat demokratisch entschieden, was diese Wörter bedeuten sollen, und sie hätte sich auch auf eine völlig andere Bedeutung einigen können.

Das Wort *AbteilungsleiterInnen* kann deshalb genauso gut ›Menschen jeden Genders, die eine Abteilung leiten‹ bedeuten wie *Abteilungsleiter*innen*. *AbteilungsleiterInnen* müssen nicht zwingend ›Frauen‹ und ›Männer‹ sein, sie könnten auch nicht-binär sein. Der Unterschied zwischen den beiden Wörtern ist, dass sie von unterschiedlichen Gruppierungen mit unterschiedlichen Zielen und Fokussierungen verwendet werden – aber damit geht nicht auch zwingend eine unterschiedliche Bedeutung einher.

> *Die Benutzung des Binnen-Is oder des Gendersterns wird allerdings zur Zeit immer mehr zum Bekenntnis für das eine oder andere Lager, hier die feministische, dort die Queer-Bewegung. Aus Sprachpolitik ist Identitätspolitik geworden.*
>
> Luise Pusch (Linguistin)[31]

Obwohl es strukturell im Bau der Wörter mit Genderstern und Binnen-I keinen entscheidenden Unterschied gibt, könnte unsere Gewohnheit ihnen eine unterschiedliche Bedeutung verpassen. Wenn man uns oft genug er-

30 Im Kapitel *Wie man weniger sexistische Wörter baut* komme ich darauf noch ausführlicher zu sprechen.

31 Pusch, Luise: Binnen-I oder Gendersternchen? Emma.de. 22.06.2021.

zählt, das Binnen-I würde nur ›Frauen‹ und ›Männer‹ einbeziehen, dann verwenden wir Wörter mit Binnen-I möglicherweise nur noch in dieser Bedeutung. Und dennoch: Wer sagt denn, dass jemand, der ein Wort wie *AbteilungsleiterInnen, KapitänInnen* oder *TänzerInnen* schreibt oder liest, dabei nicht an Menschen jeden Genders denkt?

Man müsste beobachten, in welchen Kontexten Sprecher*innen Gebrauch von den gegenderten Wörtern mit Binnen-I, Genderstern, Gendergap, Doppelpunkt und Ähnlichem machen und über welche Menschen sie mithilfe dieser Wörter sprechen, um wirklich über ihre Bedeutung urteilen zu können – und selbst dann würde es sich lediglich um Vermutungen handeln. Denn wir können anderen Menschen nicht in die Köpfe gucken. Mit bildgebenden Verfahren wie der Elektroenzephalografie können wir neuronale Prozesse erkennen – zum Beispiel, an welcher Stelle in einem Satz jemand Verständnisprobleme hat. Wir können Experimente machen, in denen wir die Augenbewegungen der Proband*innen aufzeichnen und analysieren. Wir können sie Fragebögen ausfüllen und Texte schreiben lassen – aber was genau in ihren Köpfen vorgeht, erfahren wir dadurch nicht.

Die verschiedenen Verfahren, die die Linguistik nutzt, um zu verstehen, wie wir Sprache verarbeiten, geben lediglich Anhaltspunkte. Wir können nicht herausfinden, was Wörter mit Genderstern, Gendergap und Binnen-I in den Köpfen von Menschen auslösen. Wir können es nur vermuten. Und wenn wir selbst ein gegendertes Wort wie *Abteilungsleiter*innen* in einem Chat oder einer E-Mail verwenden und damit alle Gender *meinen*, besteht die Gefahr, dass die Person, an die wir in diesem Chat oder in dieser E-Mail geschrieben haben und die das Wort liest, nicht alle Gender darunter *versteht*.

Weil wir Menschen nicht in die Köpfe schauen können, nähert sich die kognitive Linguistik[32] der Frage nach der Bedeutung von Wörtern nicht nur empirisch, sondern auch theoretisch. Welche Vorstellungen lösen Wörter in unseren Köpfen aus? Wie sind diese Vorstellungen strukturiert? In

32 Die *kognitive Linguistik* ist ein Forschungszweig der Linguistik, der sich auf die Zusammenhänge zwischen Sprache und Kognition fokussiert und dessen Etablierung in den 1980er-Jahren mit einer generellen kognitiven Wende in der Sprachwissenschaft einherging.
Vgl. Harris, Randy Allen: The Linguistics Wars. New York: Oxford University Press 1993.

Experimenten haben Linguist*innen Anhaltspunkte gesammelt und davon ausgehend verschiedene Theorien entwickelt.

Was wir bisher über Sprache wissen, deutet darauf hin, dass Wörter nicht etwa wie Gefäße eine Bedeutung in sich tragen, die wir dann beim Lesen oder Zuhören aus ihnen ziehen können. Wörter *transportieren* keine Bedeutung. Sie sind eher wie Zündschnüre: Sie stimulieren Bündel von Informationen, die bereits vorher in unserem Kopf waren. Die kognitive Linguistik geht davon aus, dass wir unsere Erfahrungen und unser Wissen über die Welt im Langzeitgedächtnis nicht ungeordnet, sondern säuberlich nach Kategorien sortiert abgespeichert haben. Diese Kategorien werden in der Linguistik *mentale Konzepte* genannt: Mentale Konzepte sind Wissenseinheiten, die uns helfen, den riesigen Wust an Informationen zu überblicken, den wir in unseren Köpfen mit uns herumtragen. Die Informationen, unser Wissen und unsere Erfahrungen sind dort in Form von mentalen Konzepten strukturiert.

Es gibt zum Beispiel irgendwo in unserem Kopf das mentale Konzept *Hund*. Wenn wir uns einen Hund vorstellen, dann nutzen wir dafür dieses mentale Konzept. Wenn uns auf der Straße ein Dalmatiner entgegenläuft, dann sucht unser Gehirn anhand dessen, was wir sehen und hören, nach einem passenden mentalen Konzept, um zu begreifen, was es da vor sich hat. Und wenn jemand das Wort *Hund* sagt oder wir das Wort irgendwo lesen, dann bemühen wir ebenfalls das mentale Konzept, das bereits fertig in unserem Kopf existiert.[33] Man sagt in der Linguistik auch: Ein Wort *aktiviert* ein mentales Konzept. Das Konzept ist schon da und das Wort ist lediglich der Auslöser, der dafür sorgt, dass das Konzept vor unserem inneren Auge aufploppt. Wir überlegen nicht: Ein Hund, das ist ein *kleines bis mittelgroßes Säugetier, das besonders wegen seiner Wachsamkeit und Anhänglichkeit als Haustier gehalten wird, einen gut ausgebildeten Gehör- und Geruchssinn besitzt und beißen und bellen kann* (so lautet der Wörterbucheintrag auf *Duden Online*).

33 Der US-amerikanische Sprachwissenschaftler Leonard Talmy definiert die Bedeutung von Wörtern im Sinne der kognitiven Linguistik deshalb wie folgt: »With its focus on the conceptual, cognitive linguistics regards ›meaning‹ or ›semantics‹ simply as conceptual content as it is organized by language.«
Talmy, Leonard: Cognitive semantics. An overview. In: Claudia Maienborn, Klaus von Heusinger & Paul Portner (Hgg.): Semantics. An International Handbook of Natural Language Meaning. Band 1. Berlin/New York: de Gruyter 2011. S. 622–642, hier S. 623.

Wir stellen uns wahrscheinlich auch nicht einen ganz bestimmten Hund vor, der uns gestern in der Fußgängerzone über den Weg gelaufen ist. Die wenigsten Wörter verweisen direkt auf etwas oder jemanden in der realen Welt. Ich kann auf den Dalmatiner zeigen, der gerade direkt vor mir steht, und sagen: »*Der Hund* ist aber süß!« In dem Fall weiß die Person, zu der ich das sage, dass ich genau diesen einen Dalmatiner vor mir meine, und muss sich im Kopf kein abstraktes Bild von einem Hund zusammenbauen, um meine Worte zu verstehen. Sie kann einfach vor meine Füße gucken.

Meistens aber steht das, worüber wir sprechen, nicht direkt vor unseren Füßen und wedelt aufgeregt mit dem Schwanz. Dann brauchen wir die mentalen Konzepte, die Wissenseinheiten in unserem Langzeitgedächtnis, um aus den Wörtern Bedeutung herzustellen. Vor unserem inneren Auge ploppt also ein mentales Konzept von einem Hund auf.

Das bedeutet: Ein Wort kann mein Denken nur lenken und formen, aber nicht vollständig determinieren. Ein Wort wie *Astronaut, Maurerin* oder *Mensch* kann mir nicht vorgeben, was ich mir vorstellen soll. Es kann lediglich meinen Gedanken einen Schubs geben, damit sie das passende mentale Konzept zur Verfügung stellen.

Deshalb können Liebeslieder mit guten Texten so intensiv sein: Sie holen Bilder in uns hervor, die wir ganz hinten in unserem Herzen verstaut haben. Ein guter Roman malt eine Geschichte in *unseren* Bildern, anhand von unseren Erinnerungen, die er neu zusammensetzt. Die Worte in einem Buch übermitteln nicht einfach Informationen. Sie zeigen uns, welche mentalen Konzepte wir aktivieren sollen. Konzepte, die durch unser eigenes Innenleben vorgegeben werden. Eine gute Schriftstellerin kitzelt genau die richtigen Bilder in den Köpfen ihrer Leser*innen hervor und mischt sie im richtigen Verhältnis miteinander. Sie spricht nicht einfach nur über Dinge, die sind oder die sein könnten, sondern sie bewirkt, dass wir Dinge innerlich erleben. Jede Person erlebt einen Roman anders als andere, weil sie eine andere Innenwelt, andere Gedanken, andere Erinnerungen und Perspektiven hat. An einem mentalen Konzept, an einer Vorstellung hängen für jeden Menschen andere weitere Konzepte, anderes Wissen und andere Assoziationen. Wir stellen in unserem Kopf Verknüpfungen her, sodass ein Wort ganze Wissensstrukturen auffächern kann, die in uns ruhen.

Die Bedeutung von Wörtern ist nur insofern objektiv, dass wir von unseren Erfahrungen abstrahieren, um mentale Konzepte zu bilden. Weil wir mit anderen kommunizieren, gleichen wir die Konzepte in unserem Kopf immer wieder mit den Konzepten in den Köpfen anderer Menschen ab und passen sie gegebenenfalls an. Die mentalen Konzepte, die bei verschiedenen Menschen durch ein und dasselbe Wort aktiviert werden, dürften einander daher ähneln, sonst könnten wir gar nicht kommunizieren. Trotzdem fußen mentale Konzepte auf unseren individuellen, subjektiven Erfahrungen.

Die beiden US-amerikanischen Linguisten George Lakoff und Mark Johnson gehen sogar davon aus, dass mentale Konzepte auf Erfahrungen beruhen, die notwendigerweise körperlich sind.[34] Wir können die Welt nur mit unseren Sinnen, durch unseren Körper wahrnehmen, der an Raum und Zeit gebunden ist. Wir sind nicht nur unser Geist, sondern dieser Geist steckt in einem Körper. Selbst die mentalen Konzepte für abstrakte Dinge wie die Liebe oder Zeit konstruieren wir deshalb Lakoff und Johnson zufolge anhand von mentalen Konzepten von weniger abstrakten Dingen oder Physischem, brechen sie also auf das Greifbare herunter.

Zeit kann für uns zum Beispiel *voranschreiten*, *vorüberziehen* und *eilen*. Wir stellen sie uns oft vor, als wäre sie Geld: Wir *investieren* Zeit, wir können Zeit *sparen* oder *vergeuden*. Wenn wir über die *Liebe* sprechen, nehmen wir gerne unser *Herz* als physischen Stellvertreter. Unser Herz ist *gebrochen* oder *hüpft* vor lauter Liebe. Wir stellen uns die Zeit und die Liebe vor, als wären sie etwas Physisches, Greifbares. Selbst die Bedeutung von abstrakten und sogar die von vermeintlich objektiven Wörtern ist damit immer auch subjektiv. Sie ist von unserem Erleben abhängig, von unserem Körper.

Gendern stößt also an Grenzen: Wörter mit Genderstern, Gendergap und so weiter können nur solche mentalen Konzepte aktivieren, die bereits in unseren Köpfen existieren. Die Bedeutung von gegenderten Wörtern ist abhängig von unserer Vorstellungskraft, und die ist an unsere individuellen Erfahrungen und an unser Wissen gebunden. Kann unsere Vorstellungskraft die binären Kategorien hinter sich lassen, die wir doch so sehr gewohnt sind?

Wohlgemerkt: Es geht nicht um die Frage, ob es Gender jenseits der beiden Kategorien ›Frau‹ und ›Mann‹ *gibt*. Es geht auch nicht um die Frage, ob wir uns diese Genderidentitäten generell *vorstellen können, wenn wir darüber nachdenken*. Es geht darum, welches Bild innerhalb kürzester

34 Lakoff, George & Mark Johnson: Metaphors We Live By. With a new afterword. Chicago: University Press 2003 [1980].

Zeit vor unserem inneren Auge erscheint, wenn wir ein Wort lesen oder hören. Circa 260 Wörter pro Minute schaffen Leser*innen im Durchschnitt, wenn sie einen deutschen Text lesen.[35] Das sind knapp vier Wörter pro Sekunde. Und wenn jemand ein Wort wie *Astronaut*innen* laut ausspricht, dann braucht er dafür immer noch nur etwas weniger als eine Sekunde. Da bleibt nicht viel Zeit zum Nachdenken. Die Frage ist also, welche Wissenseinheiten unser Gehirn uns angesichts eines gegenderten Wortes innerhalb von weniger als einer Sekunde zur Verfügung stellen könnte.

Spielen wir die Möglichkeiten einmal durch. Wenn das Ziel eine *gendergerechte* Sprache sein soll, in der alle Genderkategorien gleichberechtigt nebeneinander vorkommen, dann müssten wir uns bei dem Wort *Bauarbeiter*innen* eine Gruppe von Menschen vorstellen, in der alle Genderidentitäten vertreten sind:

*Bauarbeiter*innen:* Personen jeden Genders, die auf einem Bau arbeiten

Können wir uns innerhalb von weniger als einer Sekunde alle Genderkategorien gleichzeitig vorstellen? ›Frauen‹, ›Männer‹ und nicht-binäre Personen? Bekommen wir ein derart ausgewogenes, faires Bild mental in so kurzer Zeit auf die Kette, während wir ein Wort in einem Text oder in einem gesprochenen Schwall von anderen Wörtern verarbeiten? Und wie wäre es, wenn das Wort in der Einzahl stehen würde? Stellen wir uns dann eine Person vor, die alle Genderidentitäten gleichzeitig hat?

*Bauarbeiter*in:* Person jeden Genders, die auf einem Bau arbeitet

Das wäre ein ziemlich vollgepacktes mentales Konzept von einer Person. Aber vielleicht ist das auch nicht nötig: Meistens werden gegenderte Wörter in der Einzahl nämlich verwendet, um nicht-binäre Personen zu bezeichnen.

*Bauarbeiter*in:* nicht-binäre Person, die auf einem Bau arbeitet

---

35 Brysbaert, Marc: How many words do we read per minute? A review and meta-analysis of reading rate. In: Journal of Memory and Language 109 (2019). S. 104047–104076.

Eine nicht-binäre Person ist etwas anderes als eine Person, die alle Genderidentitäten in sich vereint. Eine nicht-binäre Genderidentität wird ja gerade dadurch definiert, dass sie nicht ›weiblich‹ und nicht ›männlich‹ ist. Wenn wir uns also eine nicht-binäre Person vorstellen, wenn wir das Wort *Bauarbeiter*in* lesen, und Personen jeden Genders, wenn wir *Bauarbeiter*innen* lesen, dann bedeutet dasselbe Wort in der Einzahl und in der Mehrzahl unterschiedliche Dinge. Normalerweise bedeutet ein Wort in der Mehrzahl dasselbe wie in der Einzahl – bis auf das zusätzliche Merkmal ›es gibt mehrere davon‹. Wenn die Einzahl *Bauarbeiter*in* und die Mehrzahl *Bauarbeiter*innen* derart verschiedene Bedeutungen hätten, wäre gegenderte Sprache also eine sehr verwirrende Angelegenheit.

Kommen wir zur zweiten Möglichkeit: Gendern könnte die Sprache auch *genderneutral* machen, also von Gender befreien. Ein gegendertes Wort wie *Bauarbeiter*innen* würde dann ein mentales Konzept von einer Gruppe von Menschen in meinem Kopf aktivieren, die kein konkretes Gender haben:

*Bauarbeiter*innen:* Personen, die auf einem Bau arbeiten

Das Kriterium Gender würde in diesem mentalen Konzept keine Rolle spielen, weil es schlicht nicht mehr vorhanden wäre. Wir hätten das lästige Gender von dem Wort und seiner Bedeutung abgekratzt. Genauso wäre es auch bei der Einzahl:

*Bauarbeiter*in:* Person, die auf einem Bau arbeitet

Das Wort *Bauarbeiter*in* könnte dann verwendet werden, um ausnahmslos jeden Menschen zu beschreiben, der auf einem Bau arbeitet. Auch eine ›Frau‹ oder ein ›Mann‹ – und nicht nur eine nicht-binäre Person – könnte sprachlich *Bauarbeiter*in* sein. Gegenderte Wörter wie *Bauarbeiter*in* und *Bauarbeiter*innen* müssten dafür mentale Konzepte in unseren Köpfen aktivieren, die frei von Gender sind. Das sollten wir doch hinbekommen, oder? Immerhin haben wir in unserer Sprache bereits einige Wörter, bei denen das Gender der bezeichneten Personen keine Rolle spielt: Wörter wie *Mitglied*, *Hilfskraft* und die *Jugendlichen*. Die neuen Wörter könnten so ähnlich sein wie diese Wörter, die schon ein Teil des Sprachsystems sind.

Dummerweise spricht vieles dafür, dass diese vermeintlich genderneutralen Wörter in unseren Köpfen mentale Konzepte aktivieren, die überhaupt nicht genderneutral sind.

3. KAPITEL
Was Frauen und Eulen gemeinsam haben

Ein Mensch ist männlich,
es sei denn, das Gegenteil ist erwiesen.
Luise Pusch[36]

Kürzlich habe ich mich in einem Pronomen verheddert. Ich las ein Buch mit dem Titel *Fünfzig Wörter für Schnee*. Die britische Lyrikerin Nancy Campbell beschreibt darin das unterschiedliche Verhältnis, das Menschen auf der ganzen Welt zu Schnee haben. Ein Kapitel beginnt mit einer Szene, die mich beim ersten Lesen einigermaßen verwirrte:

> »Sie nimmt ihren schärfsten Feuerstein und ritzt einige Linien in die Felswand. Einen kräftigen horizontalen Strich, darunter noch einen [...]. Über 14.000 Jahre und mindestens eine Eiszeit später zeigen diese selbstbewussten Linien auf der Wand einer walisischen Höhle noch immer unverkennbar das Bild eines Tiers mit einem prächtigen Geweih.«[37]

Ich brauchte eine Weile, bis ich begriff, dass hier beschrieben wird, wie ein Steinzeitmensch eine Höhlenmalerei in eine Steinwand ritzt. Aber selbst dann noch bekam ich das Bild von einer ›Frau‹ – da stand schließlich am Anfang des Texts: *sie* – einfach nicht mit dem Bild von einem Steinzeitmenschen zusammen, der einen Feuerstein in der Hand hält. Ich überlegte: Warum schrieb die Autorin von einer ›Frau‹? War sie sich denn sicher, dass eine ›Frau‹ vor 14.000 Jahren die Zeichnung in die Höhlenwand gekratzt hatte – und nicht ein ›Mann‹? Es kam mir seltsam vor. Doch dann fiel mir auf: Warum sollte es eigentlich nicht eine ›Frau‹ gewesen sein? Ich war meinem männerzentrierten Denken auf den Leim gegangen.

---

36 Pusch, Luise: Die Kätzin, die Rättin und die Feminismaus. In: Women in German Yearbook 4 (1988). S. 15–16, hier S. 16.

37 Campbell, Nancy: Fünfzig Wörter für Schnee. Aus dem Englischen von Brigitte Jakobeit. Hamburg: Hoffmann und Campe, S. 17.

Und das, obwohl die Autorin viel dafür getan hatte, dass ich mir beim Lesen des Textes eine ›Frau‹ vorstelle. Gleich am Anfang hatte sie mir das Pronomen *sie* vorgesetzt. Der Text erzählte eindeutig von einer Steinzeit*frau* – und mein Gehirn wollte trotzdem lieber einen ›Mann‹ haben.

Vielleicht hat Sie der Textausschnitt beim ersten Lesen nicht irritiert. Vielleicht haben Sie sich direkt eine ›Frau‹ vorgestellt. Doch wie wäre es wohl gewesen, wenn der Text Sie nicht explizit mit dem ›weiblichen‹ Pronomen *sie* darauf hingewiesen hätte, dass von einer ›Frau‹ die Rede ist? Woran hätten Sie gedacht, wenn dort beispielsweise von einem *Steinzeitmenschen* die Rede gewesen wäre? Hätte dieser Mensch in Ihrer Vorstellung kein Gender gehabt? Oder hätten Sie sich eine ›Frau‹ vorgestellt – oder einen ›Mann‹?

Wörter wie *Mensch*, *Mitglied* und *Aushilfe* können für Personen jeden Genders verwendet werden. Es gibt zu keinem dieser Wörter eine gebräuchliche ›männliche‹ oder ›weibliche‹ Version wie zum Beispiel *die Menschin*[38] oder *der Aushilferich*. Solche Neutralformen und Neutralisierungen wie *Studierende* (nur in der Mehrzahl, sonst hat man wieder: *der* Studierende, *die* Studierende) legen die bezeichneten Personen auf keine bestimmte Genderkategorie fest. Würde man das Gender der Person, die mit einem solchen Wort bezeichnet wird, sprachlich ausdrücken wollen, müsste man ein weiteres Wort hinzunehmen: die *weiblichen* Studierenden. Die *männlichen* Mitglieder. Wenn man mit diesen Wörtern gendert, nutzt man das sprachliche Material, das im Sprachsystem des Deutschen bereits zur Verfügung steht. Man muss nichts an der Sprache verändern. Aber wie sehen die mentalen Konzepte aus, die diese Wörter in unseren Köpfen aktivieren? Sind diese mentalen Konzepte so genderneutral, wie die Wörter auf den ersten Blick daherkommen?

Die US-amerikanische Kognitionswissenschaftlerin Eleanor Rosch und ihre Mitarbeiter*innen gelangten in den 1970er-Jahren in einer Reihe von Experimenten zu einer wichtigen Erkenntnis in Bezug auf die Frage, wie mentale Konzepte aufgebaut sind: Es gibt für uns ›bessere‹ und ›schlechtere‹ Vertreter einer Kategorie. Ein Apfel ist für uns zum Beispiel ein ›besserer‹ Vertreter der Kategorie *Obst* als eine Olive, eine Pflaume oder eine Feige. In unseren Köpfen, schlossen Rosch und ihre Kolleg*innen, scheint

38 Das Wort *Menschin* wird nur selten und dann meist scherzhaft verwendet. Mehr dazu im Kapitel *Was Sprache über unser Denken verrät*.

eine Art ›Prototyp‹ für jede Kategorie zu existieren. Ein von dem besten Vertreter der Kategorie (wie zum Beispiel dem Apfel) abstrahierter idealer Vertreter, an dem wir uns orientieren, wenn wir Dinge in diese Kategorie einordnen. Angelehnt an diese Idee entwickelte sich in den 1980er-Jahren in der Linguistik die sogenannte Prototypensemantik, eine Theorie darüber, wie wir die Bedeutung von Wörtern kognitiv verarbeiten.

Das mentale Konzept, das zum Beispiel das Wort *Vogel* in unserem Kopf aktiviert, ist dieser Theorie zufolge keine nach objektiven Kriterien vorgenommene Abstraktion von *allen* Vögeln, die es gibt – das wäre schließlich auch ein ziemlich verwaschenes Bild, weil Vögel sehr unterschiedliche Formen und Eigenschaften haben können. Stattdessen scheint es sich um eine Abstraktion von einem für uns *typischen* Vogel zu handeln. In Deutschland begegnen wir Rotkehlchen und Spatzen öfter als Pinguinen und Emus. Pinguine und Emus können nicht fliegen. Eulen können zwar fliegen, haben aber ein für Vögel eher ungewöhnliches flaches Gesicht mit einem winzigen Schnabel darin. Sie sind in unseren Köpfen weniger typische Vertreter der Kategorie *Vogel* als Rotkehlchen und Spatzen. Deshalb ähnelt das mentale Konzept, das das Wort *Vogel* in uns aktiviert, wahrscheinlich nicht allen Vögeln, die es auf der Welt gibt – Spatzen, Tauben, Eulen, Emus, Pinguinen, Rotkehlchen – gleichermaßen. Und auch nicht allen Vögeln, denen wir in unserem Leben begegnet sind. Es sieht für diejenigen, die in Deutschland leben, höchstwahrscheinlich eher aus wie ein sehr schematischer, abstrakter Spatz oder ein Rotkehlchen.

Wenn man diesen Menschen nun die Sätze *Ein Rotkehlchen ist ein Vogel* und *Ein Huhn ist ein Vogel* vorsetzt, dann sind diese beiden Sätze zwar nach objektiven Kriterien gleichermaßen wahr. Rotkehlchen und Hühner sind Vögel, das Wort *Vogel* kann man also für Rotkehlchen und für Hühner verwenden. Doch für Menschen, in deren Köpfen der prototypische Vogel einem Rotkehlchen ähnelt, ist der erste Satz ein bisschen wahrer als der zweite. Ein Rotkehlchen ist für uns ›mehr‹ Vogel als ein Huhn, weil es in unseren Augen ein ›typischerer‹ Vogel ist.[39] Natürlich wissen wir, wenn wir darüber nachdenken, dass auch ein Huhn ein Vogel ist und nicht nur ein Rotkehlchen. Aber wir brauchen dafür einen Tick länger als bei dem Rotkehlchen, weil unser Gehirn ein bisschen länger braucht, um das Huhn

39 Vgl. Lakoff, George: Hedges. A study in meaning criteria and the logic of fuzzy concepts. In: Journal of Philosophical Logic 2 (1973) 4. S. 458–508.

mit dem prototypischen Vogel in unserem Kopf zu vergleichen und festzustellen: Ein bisschen ähnlich sieht es ihm.

In unseren Köpfen existieren also vermutlich lauter Vorstellungen von prototypischen Dingen und Lebewesen. Und diese Prototypen sind das, woran wir zuerst denken und was in unserem Denken am präsentesten ist, wenn wir Wörter hören oder lesen. Die weniger prototypischen Dinge und Lebewesen, die ebenfalls mit demselben Wort bezeichnet werden können, fallen uns erst später ein – wenn überhaupt.

Wenn die Theorien der Prototypensemantik stimmen, dann gibt es für uns auch typischere und weniger typische Menschen. Deshalb denken wir wahrscheinlich, wenn wir ein vermeintlich genderneutrales Wort wie *Mitglied* (in der Einzahl) oder *Studierende* (in der Mehrzahl) lesen oder hören, nicht an ein schematisches Bild von einem Menschen, der jedem Menschen auf der Welt gleichermaßen ähnelt. Sondern wir denken höchstwahrscheinlich an ein schematisches Bild von einem für uns *typischen* Menschen, einen Prototyp.

Die entscheidende Frage ist also: Wie könnte dieser prototypische Mensch aussehen? Wie könnte man in all den Eigenschaften, die Menschen voneinander unterscheiden, ein Bündel von Eigenschaften finden, die als repräsentativ für alle Menschen gelten könnten? Einen prototypischen Menschen gibt es in der Realität nicht. Kein Mensch ist repräsentativ für alle Menschen. Und doch spricht viel für die Annahme, dass ein solcher Prototyp in unseren Köpfen existiert. Und wenn die Kategorien in unseren Köpfen durch unsere Gesellschaft, unser Erleben und unsere Gewohnheiten geprägt sind, dann ist es sehr wahrscheinlich, dass dieser Prototyp von einem Menschen in unserem Kopf ein ›Mann‹ ist.

›Männer‹ sind in unserer Gesellschaft immer noch die Norm: Wir orientieren uns beim Bau unserer Autos oder bei der Entwicklung unserer Medikamente an einem ›männlichen‹ Prototyp.[40] Die Romane, die wir lesen, wurden überwiegend von ›Männern‹ geschrieben und handeln oft von ›Männern‹.[41] Einem Strichmännchen müssen wir erst einen Rock

40 Vgl. Criado-Perez, Caroline: Unsichtbare Frauen. Wie eine von Daten beherrschte Welt die Hälfte der Bevölkerung ignoriert. Übersetzt von Stephanie Singh. München: btb 2020.

41 Seifert, Nicole: ~~Frauen~~literatur. Abgewertet, vergessen, wiederentdeckt. Köln: Kiepenheuer & Witsch 2021.

anziehen, damit klar ist, dass es eine ›Frau‹ darstellt. Der *typische* Mensch, die Standardversion von uns allen, ist in unserer Gesellschaft ein ›Mann‹, nicht eine ›Frau‹ oder eine nicht-binäre Person.

Wie sollten wir also bei einem Wort wie *Mitglied* nicht im ersten Moment an einen abstrakten, schematischen ›Mann‹ denken?[42] Und das, obwohl dieses Wort uns eigentlich – weil es gar kein ›weibliches‹ oder ›männliches‹ Pendant gibt – überhaupt nichts über das Gender der Person verrät, die es bezeichnet? Die Gesellschaftsordnung beherrscht unsere Köpfe, und das tut sie mit großer Sicherheit auch dann, wenn unsere Sprache Menschen in Bezug auf Gender völlig neutral behandelt.

Die Vorstellung der Welt ist, wie die Welt selbst, das Produkt der Männer.
Sie beschreiben sie von ihrem Standpunkte aus,
den sie mit der absoluten Wahrheit gleichsetzen.

Simone de Beauvoir[43]

Herauszufinden, was wir denken, wenn wir ein Wort lesen oder hören, ist nicht einfach. Menschen verarbeiten die Bedeutung von Wörtern unbewusst und sehr schnell. Sie denken beim Lesen nicht groß darüber nach, was ein Wort alles bedeuten könnte. Sie werfen nur einen kurzen Blick darauf und im nächsten Moment sind ihre Augen bereits zu einem anderen Wort gehuscht. Die kognitive Linguistik geht davon aus, dass unsere mentalen Konzepte unserem Bewusstsein nicht unmittelbar zugänglich sind. Forscher*innen haben deshalb auf viele verschiedene Arten versucht, an die mentalen Konzepte heranzukommen, die Wörter in unseren Köpfen aktivieren. Würde man die Menschen in Experimenten einfach rundheraus fragen, bekäme man eine überlegte Definition. Die erste Assoziation wäre futsch, sobald sie auch nur ein bisschen zu gründlich über die Bilder in ihren Köpfen nachdenken. Aber welche Kraft und welche Grenzen ein Wort hat, was sein Wesen ist, was es wirklich mit unseren Köpfen macht, wenn wir ihm in einem Text begegnen, das erfährt man nicht, indem man

42 Vgl. Frank, Karsta: Sprachgewalt. Die sprachliche Reproduktion der Geschlechterhierarchie. Elemente einer feministischen Linguistik im Kontext sozialwissenschaftlicher Frauenforschung. Max Niemeyer Verlag: Tübingen 1992, S. 134.

43 De Beauvoir, Simone: Das andere Geschlecht. Sitte und Sexus der Frau. Übersetzt von Eva Rechel-Mertens und Fritz Montfort. Hamburg: Rowohlt 1951, S. 155.

danach fragt. Deshalb versucht man in Experimenten in der Regel, die Proband*innen auszutricksen.

Man möchte Hinweise auf die unbewussten Denkvorgänge aus ihnen herauskitzeln. Man erzählt ihnen zum Beispiel, dass es in dem Experiment um etwas ganz anderes geht – wie etwa darum, den Zusammenhang von kognitiven Fähigkeiten und Kreativität zu untersuchen. Das tat die Psychologin Elke Heise, als sie ein Experiment zu der Frage durchführte, bei welchen Wörtern wir am ehesten an alle Genderkategorien gleichermaßen denken. Heise überprüfte unter anderem die vermeintlich genderneutralen Neutralformen (z.B. *Greenpeace-Mitglieder, Kinder* und *Behinderte*) und generische Maskulina (z.B. die Mehrzahl *Vegetarier*).[44] Sie setzte 150 Versuchsteilnehmer*innen in kleinen Gruppen in Seminarräume der Universität Göttingen und bat sie, jeweils acht möglichst interessante Geschichten zu schreiben, die mit einem vorgegebenen Satz beginnen. Die Sätze lauteten unter anderem:

> *Neutralform:*
> Eine Gruppe von Greenpeace-Mitgliedern plant eine Aktion.
> *Generisches Maskulinum:*
> Jeden Tag schauten die Nachbarn durch das Küchenfenster zu uns herüber.

Heise zählte, wie oft die Proband*innen in den Geschichten, die sie aufschrieben, jeweils ›Frauen‹ und ›Männer‹ aus den *Greenpeace-Mitgliedern* und *Nachbarn* machten, indem sie ihnen zum Beispiel ›Frauennamen‹ gaben oder mit explizit ›männlichen‹ Wörtern über sie schrieben. Wenn die Neutralformen und die generischen Maskulina wirklich genderneutral verstanden werden, müsste nämlich weder das ›Männliche‹ noch das ›Weibliche‹ in unserem Denken die Oberhand haben – und ›Frauen‹ und ›Männer‹ müssten in den Geschichten in einem relativ ausgewogenen Verhältnis vorkommen.

Wie erwartet handelten die Geschichten öfter von ›Männern‹ als von ›Frauen‹, wenn der vorgegebene erste Satz ein generisches Maskulinum enthielt. Aber die vermeintlich genderneutralen Neutralformen schnitten nicht besser ab: Wenn die ersten Sätze Wörter wie *Angestellte, Kinder, Alko-*

---

44 Heise, Elke: Sind Frauen mitgemeint? Eine empirische Untersuchung zum Verständnis des generischen Maskulinums und seiner Alternativen. In: Sprache und Kognition 19 (2000) 1–2. S. 3–13.

holabhängige, Behinderte, Greenpeace-Mitglieder oder *Hilfskraft* enthielten, kamen in den Geschichten der Versuchsteilnehmer*innen genau wie bei den Sätzen mit generischen Maskulina mehr ›Männer‹ als ›Frauen‹ vor. Anscheinend dachten die Versuchsteilnehmer*innen bei den Neutralformen genauso wie bei den generischen Maskulina vor allem an ›Männer‹. Die Versuchsleiterin Heise wunderte sich in ihrem Bericht über das Ergebnis: »Erstaunlicherweise führen auch ›echt‹ neutrale Substantive nicht zu geschlechtsausgewogenen mentalen Repräsentationen, sondern zu einem deutlichen Übergewicht männlicher Assoziationen.«

Nicht alle Experimente dieser Art kommen zu dem Schluss, dass wir bei Neutralformen weniger an ›Frauen‹ als an ›Männer‹ denken. In manchen dachten die Proband*innen öfter oder genauso oft an ›Frauen‹ wie an ›Männer‹. Die Linguistinnen Dagmar Stahlberg und Sabine Sczesny legten zum Beispiel 2001 in einem Experiment Versuchspersonen Fragebögen vor, die generische Maskulina und Neutralformen enthielten. In den Fragebögen wurden die Proband*innen unter anderem nach ihren *liebsten Romanhelden* (generisches Maskulinum) und *heldenhaften Romanfiguren* (Neutralform) gefragt. Bei den Neutralformen wurden deutlich mehr ›Frauen‹ genannt als bei den generischen Maskulina.[45] Manchmal scheinen wir unser männerzentriertes Weltbild also überwinden zu können. In vielen Experimenten aber schafften die Proband*innen das nicht.

Das heißt nicht, dass wir die ›Frauen‹ völlig vergessen. Sie kommen in unserem Denken vor – aber weniger häufig als die ›Männer‹. In dem Experiment der Psychologin Elke Heise zum Beispiel sollte sich jede der teilnehmenden Personen insgesamt acht Geschichten anhand von acht ersten Sätzen ausdenken und sie aufschreiben. Durch die ersten Sätze war vorgegeben, dass die Geschichten jeweils von zwei Personen handelten. Jede teilnehmende Person konnte also in den Geschichten, die sie sich ausdachte, maximal 16 Protagonist*innen ein bestimmtes Gender andichten. Hätten die Teilnehmer*innen genau die Hälfte dieser Protagonist*innen zu ›Frauen‹ und die andere Hälfte zu ›Männern‹ gemacht, dann hätten die Geschichten von insgesamt acht ›Frauen‹ und acht ›Männern‹ gehandelt. Im Durchschnitt machten sie jedoch bei den Neutralformen aus 9,6 von diesen 16 Protagonist*innen ›Männer‹ (die ›Männer‹ unter den

45 Stahlberg, Dagmar & Sabine Sczesny: Effekte des generischen Maskulinums und alternativer Sprachformen auf den gedanklichen Einbezug von Frauen. In: Psychologische Rundschau 52 (2001) 3. S. 131–140.

Versuchsteilnehmer*innen 10,7 und die >Frauen< 9,3). Die Geschichten handelten also zwar von mehr >Männern< als >Frauen<, aber es kamen durchaus auch >Frauen< darin vor – und zwar gar nicht mal so wenige. In einem ähnlichen Experiment der Linguistin Karin Kusterle, in dem sich die Proband*innen Vornamen für *Jugendliche*, *Studierende*, *Hilfskräfte* und so weiter ausdenken sollten, wurden in 40 Prozent der Fälle >weibliche< Vornamen genannt und in 60 Prozent der Fälle >männliche<.[46] Die >Männer< kommen also in den Antworten der Proband*innen häufiger vor und die >Frauen< seltener – aber Letztere werden nicht völlig vergessen.

Wenn in unseren Köpfen wirklich, wie die Prototypensemantik annimmt, Prototypen für Kategorien existieren, dann ergeben derartige auf den ersten Blick etwas seltsame Ergebnisse Sinn: Die Experimente zeigen, dass in unseren Köpfen wirklich sehr wahrscheinlich ein >männlicher< Prototyp existiert. Der könnte dazu führen, dass viele Proband*innen, wenn sie Fragebögen ausfüllen oder Geschichten aufschreiben, öfter an >Männer< denken als an >Frauen<. Denn >Männer< sehen dem >männlichen< Prototyp in unseren Köpfen ähnlicher. Bis uns wieder einfällt, dass auch >Frauen< Menschen sind, müssen wir dagegen etwas länger nachdenken und deshalb machen viele Proband*innen seltener >Frauen< aus den *Angestellten*, *Mitgliedern* und *Hilfskräften*.

Das ist jedoch nur eine Vermutung. So richtig beantworten können derartige Experimente die Frage, was Proband*innen *in dem Moment* denken, in dem sie diese Wörter lesen, nicht: Rein theoretisch wäre es ja zum Beispiel auch möglich, dass sie manchmal nur an >Männer< denken und manchmal nur an >Frauen<. Schließlich handelten die Geschichten entweder von >männlichen< oder >weiblichen< Protagonist*innen und wurden in den Fragebögen entweder >männliche< oder >weibliche< Romanfiguren genannt. Vielleicht stellten sich Proband*innen auch beim Lesen des Wortes noch eine genderneutrale Person vor und kamen erst beim Schreiben der Geschichte oder beim Eintragen ihrer Antwort in den Fragebogen häufiger auf die Idee, diese genderneutrale Person zu einem >Mann< zu machen statt zu einer >Frau<. Das Problem bei Experimenten wie dem von Heise und dem von Stahlberg und Szcesny ist nämlich, dass den Forscher*innen die Sprache, die sie untersuchen wollen, in die Quere kommt. Denn die Proband*innen müssen ihre Antworten in ebendieser

46 Kusterle, Karin: Die Macht von Sprachformen. Der Zusammenhang von Sprache, Denken und Genderwahrnehmung. Frankfurt: Brandes & Apels 2011.

Sprache eintragen – und die Sprache kennt fast nur Wörter für ›Frauen‹ und ›Männer‹. Selbst, wenn die Proband*innen beim Lesen der Wörter im ersten Moment an eine genderneutrale Person gedacht haben sollten, mussten sie diese Person doch in ihren Antworten wohl oder übel zu einer ›Frau‹ oder einem ›Mann‹ machen.

In psycholinguistischen Experimenten versuchen Forscher*innen deswegen oft, dieses Problem zu umgehen und direktere Hinweise auf die mentalen Konzepte zu bekommen, die während des Lesens aktiviert werden. Eine Methode ist, die Blickbewegungen zu messen. Wenn der Satz *Ein Huhn ist ein Vogel* für uns weniger wahr ist als der Satz *Ein Rotkehlchen ist ein Vogel*, dann bleiben unsere Augen länger auf einzelnen Wörtern in diesem Satz hängen und unser Blick springt des Öfteren beim Lesen wieder zurück. Es fällt uns schwerer, den Satz mit dem Huhn zu verarbeiten, und das kann man in einem Experiment an den Bewegungen unserer Augen erkennen.

Das machte sich die Psycholinguistin Lisa Irmen für ein Experiment zunutze, in dem sie testen wollte, ob bei vermeintlich genderneutralen Wörtern wirklich ›männliche‹ Prototypen in unseren Köpfen aktiviert werden.[47] Sie setzte ihren Proband*innen eine Apparatur auf den Kopf, die mit mehreren Kameras genau erfasste, wie sich ihre Augen bewegten – und vor allem, wohin sie schauten. Dann ließ sie sie auf einem Computerbildschirm jeweils zwei Sätze lesen. Der erste Satz war sprachlich vollkommen genderneutral: Er enthielt ein Wort, das Menschen bezeichnet, ohne ihnen ein bestimmtes Gender zu verpassen. Im zweiten Satz war jedoch entweder von ›Frauen‹ oder von ›Männern‹ die Rede:

> Bei vielen Deutschen sind Urlaube in Skandinavien sehr beliebt.
> Denn dort finden diese Frauen eine teilweise unberührte Landschaft vor.
>
> / Bei vielen Deutschen sind Urlaube in Skandinavien sehr beliebt.
> Denn dort finden diese Männer eine teilweise unberührte Landschaft vor.

Irmen wollten herausfinden, ob sich die Augen der Proband*innen bei den beiden unterschiedlichen Versionen von Satzpaaren unterschiedlich bewegten. Wenn das mentale Konzept, das in den Köpfen der Proband*innen bei

47 Irmen, Lisa: What's a (Role) Name? Formal and Conceptual Aspects of Comprehending Personal Nouns. In: Journal of Psycholinguistic Research 36 (2007) 6. S. 431–456.

dem Wort *Deutsche* aktiviert wurde, genderneutral war, dann mussten sie beide Versionen genau gleich verarbeiten und die Augenbewegungen also gleich sein. Das waren sie aber nicht: Wenn im zweiten Satz von *diesen Frauen* die Rede war, dann schauten die Proband*innen ein bisschen länger auf diese Stelle im Satz, als wenn dort *diese Männer* stand. Es schien ihnen schwerer zu fallen, sich die *Deutschen* als ›Frauen‹ vorzustellen.

Es ist also gut möglich, dass die erste Vorstellung, die sie sich von den *Deutschen* gemacht hatten, nicht die von Personen ohne Gender war. Sie dachten sicherlich auch nicht an ›Frauen‹, ›Männer‹ und nicht-binäre Personen gleichzeitig. Sie dachten anscheinend zuerst an einen ›männlichen‹ Prototyp.

Wir bekommen es also höchstwahrscheinlich oft nicht hin, an Menschen zu denken, ohne ihnen gedanklich direkt ein Gender zu verpassen. Wir denken Menschen selbst bei Wörtern, die überhaupt nichts über Gender verraten, in Genderkategorien, und zwar zuerst als ›Männer‹. Etwas resigniert stellten die beiden Linguistinnen Helga Kotthoff und Damaris Nübling deshalb in einer 2018 erschienenen Einführung, in der sie einen Überblick über die damalige Studienlage gaben, fest: »Sprachliches *undoing gender* scheint nicht zu funktionieren, die gut gemeinte Unsichtbarmachung von Geschlecht eröffnet nur den Raum für die männliche Normalvorstellung.«[48] ›Männer‹ sind in der Kategorie *Mensch*, was Rotkehlchen in der Kategorie *Vogel* sind. ›Frauen‹ dagegen sind in unseren Köpfen wohl eher wie Eulen, und nicht-binäre Personen ebenso – wenn Letztere nicht sogar das noch marginalere Dasein von Pinguinen fristen. In fast allen Experimenten dieser Art wird überhaupt nicht getestet, ob Proband*innen an nicht-binäre Personen denken – zu der einzigen mir bekannten Ausnahme kommen wir noch. Sie wurden in den Experimenten von vornherein: vergessen.

Ist also vielleicht gar nicht unsere Sprache daran schuld, wenn wir vor allem an ›Männer‹ denken? Wir machen gedanklich ›Männer‹ aus *Mitgliedern*, *Angestellten* und *Deutschen*, obwohl diese eigentlich genauso gut ›Frauen‹ sein könnten. Sind also die ›männlichen‹ Prototypen in unseren Köpfen womöglich auch dann schuld, wenn wir aus *Astronauten, Freunden* und *Nachbarn* gedanklich ›Männer‹ machen? Und nicht etwa die Tatsache, dass diese Wörter generische *Maskulina* sind?

---

48 Kotthoff, Helga & Damaris Nübling: Genderlinguistik. Eine Einführung in Sprache, Gespräch und Geschlecht. Tübingen: Narr 2018, S. 115.

4. KAPITEL
Zwei sprachliche Gernegroße

Das Elegante am generischen Maskulinum ist, dass es nicht wertet. Es meint keine Männer, keine Frauen oder andere Geschlechter, es meint Personen.

Peter Eisenberg (Linguist)[49]

In der Theorie sind generische Maskulina ausgesprochen praktisch. Die Wörter und die grammatischen Strukturen, die wir verwenden, um über ›Männer‹ zu sprechen und zu schreiben, nehmen wir zusätzlich auch für alle Menschen. ›Männliche‹ Wörter sind also multifunktional, man kann sie je nach Kontext und Situation nur für ›Männer‹ oder für alle einsetzen. Wenn ich von einem *Zahnarzt* spreche, dann kann ich damit einen ganz bestimmten netten Mann in Bonn meinen (Dann würde ich zum Beispiel sagen: *Ich sollte mal wieder zu meinem Zahnarzt*) oder irgendeine Person, egal welchen Genders, die sich demnächst meine Zähne angucken sollte (Dann würde ich nicht von *meinem* Zahnarzt sprechen, sondern sagen: *Ich sollte mal wieder zum Zahnarzt*). Je nachdem. Ein generisches Maskulinum ist sehr platzsparend und ökonomisch.

Einer der leidenschaftlichsten Verteidiger des generischen Maskulinums ist der Linguist Peter Eisenberg, ehemaliger Professor der Universität Potsdam und Autor mehrerer sprachwissenschaftlicher Standardwerke wie *Das Wort* und *Der Satz*. Eisenberg wettert oft und leidenschaftlich gegen das Gendern. Seine Gastkommentare in Zeitungen wie der *FAZ* und der *Welt* sind wütend und tragen Titel wie »Finger weg vom generischen Maskulinum!«, »Das missbrauchte Geschlecht« und »Die Genderfraktion verachtet die deutsche Sprache«. Gendern, schreibt Eisenberg 2018 im *Tagesspiegel*, sei unnötig, denn »gerade das generische Maskulinum ist eine in der Sprache tief verankerte, elegante und leistungsstarke Möglichkeit zur

49 Eisenberg, Peter: Das generische Maskulinum diskriminiert? Lächerlich! Beitrag in der Rubrik »Klartext« auf Xing.com. 13.08.2018.

Vermeidung von Diskriminierung.«[50] Er sei also gar nicht »gegen eine Verwendung des Deutschen als geschlechtergerechte Sprache, sondern gegen seine Misshandlung und Manipulierung in vermeintlich guter Absicht.« Ist das so, basiert das Gendern auf einem Irrtum? Sind Wörter wie *Zahnarzt* und *Freund* eigentlich schon gendergerecht oder frei von Gender?

In der Linguistik wurden mittlerweile zahlreiche Studien zu der Frage durchgeführt, ob generische Maskulina wirklich ›funktionieren‹ und also gendergerechte oder genderneutrale Vorstellungen hervorrufen. Auch hier arbeiten Linguist*innen unter anderem mit Fragebögen und Lückentexten. So legte zum Beispiel der Sprachwissenschaftler Josef Klein 1988 in einem der ersten Experimente zur Funktionsfähigkeit des generischen Maskulinums seinen Proband*innen Lückentexte wie diesen vor und bat sie, sie auszufüllen:

> Jeder Einwohner der Stadt Aachen sollte sich zu dem Problem des hohen Verkehrsaufkommens äußern.
> (Anrede ______ /Vorname ______) Meier meinte dazu, dass man mehr Straßen zu Fußgängerzonen umgestalten sollte.[51]

Klein vermutete: Wenn die Proband*innen im Schnitt mehr ›Männer‹- als ›Frauen‹-Namen in die Lücke setzten, dann hatte das generische Maskulinum *Einwohner* dafür gesorgt, dass der ›Mann‹ als menschlicher Prototyp in ihrem Denken die Oberhand gewonnen hatte. Damit die Versuchsteilnehmer*innen nicht merkten, was das Ziel des Experiments war, erzählte Klein ihnen, er wolle die neuesten Anredekonventionen ermitteln. Das Ergebnis: Rund 70 Prozent der Namen, die die Versuchsteilnehmer*innen in die Lücken eintrugen, waren Namen für ›Männer‹. Nur 20 Prozent waren ›Frauen‹-Namen (und zehn Prozent der Lücken wurden falsch ausgefüllt). In den allermeisten Fällen hatten die Proband*innen also, als sie die Lücken ausfüllten, an einen ›Mann‹ gedacht.

Die Psycholinguistin Lisa Irmen testete 2007 in ihrem Experiment mit der Apparatur, die die Blickbewegungen maß, auch, ob wir in dem Moment,

---

50 Eisenberg, Peter: Finger weg vom generischen Maskulinum! Gastbeitrag auf Tagesspiegel.de. 08.08.2018.

51 Klein, Joseph: Benachteiligung der Frau im generischen Maskulinum – eine feministische Schimäre oder psycholinguistische Realität? In: Norbert Oellers (Hg.): Germanistik und Deutschunterricht im Zeitalter der Technologie. Band 1. Das Selbstverständnis der Germanistik. Tübingen: Niemeyer 1988. S. 310–319.

in dem wir ein Wort wie *Mieter* lesen, an eine Gruppe von genderlosen Personen denken. Sie versuchte also, herauszufinden, ob wir diesen *Mietern* gedanklich zunächst gar nicht irgendein Gender – auch nicht mehrere – verpassen. Denn von generischen Maskulina wird oft behauptet, sie würden ganz von der sozialen Kategorie Gender abstrahieren.[52] Der Genderkritiker Peter Eisenberg beschreibt die Funktion von generischen Maskulina zum Beispiel in einem Radiointerview mit dem *Deutschlandfunk* so: »Das generische Maskulinum ist eine Gruppe von Substantiven maskulini generis, die benutzt werden, wenn man keinen Bezug auf das natürliche Geschlecht haben möchte.«[53]

Dass generische Maskulina genderneutrale Konzepte in unseren Köpfen aktivieren, konnte die Psycholinguistin Irmen in ihrem Experiment jedoch nicht nachweisen. Das Ergebnis ähnelte dem bei den Neutralformen, die ja ebenfalls in der Theorie genderneutral sein sollten: Wenn auf ein generisches Maskulinum ein *diese Frauen* folgte, guckten die Proband*innen ein bisschen länger auf diese Worte, als wenn in dem Satz von *diesen Männern* die Rede war. Sie irritierte, dass *Mieter, Hundebesitzer, Nachbarn* und *Dozenten* im zweiten Satz auf einmal als ›Frauen‹ deklariert wurden. Das ergibt zwar grammatisch Sinn: Für eine Gruppe, die nur aus ›Frauen‹ besteht, werden generische Maskulina schließlich im Deutschen nicht verwendet – dann würde man von *Mieterinnen* und *Nachbarinnen* sprechen. Doch wenn die Konzepte, die die generischen Maskulina in den Köpfen der Proband*innen aktivierten, *genderneutral*, also frei von Gender gewesen wären, hätte diese grammatische Regel bei der Verarbeitung der Sätze keine Rolle gespielt: Die Proband*innen hätten gleichermaßen schnell verarbeiten müssen, wenn aus den *Mietern* und *Dozenten* im zweiten Satz ›Frauen‹ wurden, wie wenn daraus ›Männer‹ wurden.

Alle Experimente dieser Art, die mir bekannt sind, führen zu demselben Ergebnis: Wenn uns generische Maskulina begegnen, denken wir die soziale Kategorie Gender immer mit und meistens gewinnt dabei das ›Männliche‹ in unserem Denken die Oberhand. In allen Experimenten waren die

52 Wenn das der Fall sein sollte und generische Maskulina wirklich frei von Gender sind, ist allerdings unklar, warum wir im Deutschen eine Gruppe, die nur aus ›Frauen‹ besteht, nicht auch mit dem vermeintlich genderneutralen generischen Maskulinum, sondern mit einem femininen Wort (*Mieterinnen*) bezeichnen.

53 Wiese, Hans-Joachim: »Ich nenne das sprachpolizeiliche Allüren«. Interview mit Peter Eisenberg. Deutschlandfunkkultur.de. 13.03.2018.

Versuchsteilnehmer*innen irritiert, wenn man ihnen generische Maskulina vorsetzte und danach von ›Frauen‹ die Rede war, sie nannten in Fragebögen und Lückentexten weniger ›Frauen‹ als ›Männer‹, ihnen fielen weniger ›weibliche‹ als ›männliche‹ Vornamen ein und sie erzählten Geschichten, in denen weniger ›weibliche‹ als ›männliche‹ Protagonist*innen vorkamen.[54] Eisenberg hat also unrecht, das generische Maskulinum ist überhaupt nicht eine »leistungsstarke Möglichkeit zur Vermeidung von Diskriminierung«, sondern ein sprachlicher Gernegroß. Es würde gerne bewirken, dass wir gar nicht – und wenn doch, dann fair und ausgewogen – an Genderkategorien denken, schafft das aber nicht. Wenn wir wirklich wollen, dass in den Köpfen unserer Leser*innen und Zuhörer*innen keine Genderkategorie weniger präsent, weniger wichtig und weniger denkbar als eine andere ist, dann sind generische Maskulina eine schlechte Wahl.

Es hält sich [...] hartnäckig das Gerücht, man könne
bei geschlechtlich gemischten Gruppen von Menschen
einfach maskuline Bezeichnungen verwenden,
also etwa eine Gruppe von Studentinnen und Studenten
einfach als Studenten bezeichnen [...].

Anatol Stefanowitsch[55]

Allerdings sind Neutralformen und Neutralisierungen wie *Mitglieder, Angestellte* und *Studierende* auch eine schlechte Wahl. In vielen Experimenten wurde die Wirkung dieser vermeintlich genderneutralen Wörter auf unser

54 Die Linguistinnen Helga Kotthoff und Damaris Nübling resümieren in ihrem Überblicksband zum Thema Gender und Sprache 2018: »Die über verschiedene Untersuchungsdesigns gewonnenen Ergebnisse weisen alle in die gleiche Richtung und führen zu dem Schluss, dass das sog. generische Maskulinum [...] nur sehr bedingt funktioniert.« 2020 schreibt Helga Kotthoff in einem Aufsatz, es gebe »mittlerweile ca. 20 (psycho-)linguistische Untersuchungen zur Überprüfung dieser Maskulina« und »sämtliche Untersuchungen weisen in die gleiche Richtung: Das generische Maskulinum ruft mehr Männer als Frauen auf [...].«
Kotthoff, Helga & Damaris Nübling: Genderlinguistik. Eine Einführung in Sprache, Gespräch und Geschlecht. Tübingen: Narr 2018, S. 91.
Kotthoff, Helga: Gender-Sternchen, Binnen-I oder generisches Maskulinum, ... (Akademische)Textstile der Personenreferenz als Registrierungen? In: Linguistik Online 103 (2020) 3. S. 105–127, hier S. 110.

55 Stefanowitsch, Anatol: Frauen natürlich ausgenommen. Blogbeitrag auf Sprachlog.de. 14.12.2011.

Denken mit der Wirkung von generischen Maskulina verglichen und oft schnitten sie ähnlich schlecht ab. In dem Experiment der Linguistin Karin Kusterle dachten sich die Proband*innen zum Beispiel bei den generischen Maskulina in 66 Prozent der Antworten ›männliche‹ Namen aus und in 34 Prozent ›weibliche‹, aber bei Neutralformen waren ihre Antworten immer noch zu immerhin 60 Prozent ›männlich‹ und nur zu 40 Prozent ›weiblich‹. In dem Blickbewegungs-Experiment der Psycholinguistin Lisa Irmen waren die Proband*innen nicht nur irritiert, wenn nach einem generischen Maskulinum im zweiten Satz von ›Frauen‹ die Rede war, sondern auch, wenn im ersten Satz eine Neutralform wie *Deutsche* und im zweiten *diese Frauen* stand. Generische Maskulina und Neutralformen funktionieren beide ähnlich schlecht (auch wenn die Neutralformen und Neutralisierungen in der Regel ein bisschen weniger schlecht funktionieren, unter den Blinden ist der Einäugige König). Deshalb ist eine wichtige Frage nicht so einfach zu beantworten: Die Frage, ob und wie sehr die generischen Maskulina daran *schuld sind*, dass wir nicht aufhören können, den Menschen in unserer Vorstellung ein Gender anzudichten, und dass in unserer gedanklichen Repräsentation andere Genderidentitäten als die ›männliche‹ hintenüber fallen.

Der Unterschied zwischen Neutralformen und Neutralisierungen wie *Mitglieder, Angestellte* und *Studierende* und generischen Maskulina wie *Freunde, Nachbarn* und *Astronauten* ist, dass es zu den generischen Maskulina ›weibliche‹ Pendants gibt: die *Freundinnen, Nachbarinnen* und *Astronautinnen.* Aber wenn Neutralformen, Neutralisierungen und generische Maskulina allesamt in Experimenten schlecht abschneiden, dann beeinflusst diese Tatsache vielleicht gar nicht unser Denken – oder zumindest nicht so sehr. Vielleicht vergessen wir in dem Moment, dass es auch eine ›weibliche‹ Version von dem Wort gibt.

Vielleicht ist es uns außerdem egal, dass das, was wir da vor uns haben, ausgerechnet ein Maskulinum ist. Genderkritiker*innen werfen denen, die gendern, gerne vor, sie würden nicht merken, dass generische Maskulina – wie Neutralformen – bereits nichts über das Gender der Personen aussagen, die sie bezeichnen, obwohl sie Maskulina sind. Wenn ich sage, dass ich wirklich mal wieder *zum* Zahnarzt sollte, dann weiß jedes Kind, dass ich damit nicht meine, dass es unbedingt ein ›männlicher‹ Zahnarzt sein muss. Es denkt ja auch niemand, dass *die* Person unbedingt eine ›Frau‹ sein muss. Oder *der* Mensch nur ein ›Mann‹ sein kann. Die Wörter *Person* und *Mensch* haben zwei unterschiedliche grammatische Geschlechter, das eine ist ein Femininum, *die* Person, und das andere ein Maskulinum, *der* Mensch. Aber diese beiden grammatischen Geschlechter sagen nichts über das Gender der bezeichneten Person aus.

Warum sollte das grammatische Geschlecht uns als Leser*innen und Hörer*innen bei den generischen Maskulina auf einmal jucken? Der Sprachwissenschaftler Helmut Glück behauptet in der *Frankfurter Allgemeinen Zeitung*, dass das grammatische Geschlecht »mit dem natürlichen Geschlecht, dem Sexus, nicht viel zu tun hat«. Die Kategorien Maskulinum und Femininum, so Glück, seien doch lediglich »ein Mittel, den großen Bestand der Substantive zu ordnen und innerhalb der Nominalgruppe Kongruenz herzustellen, das heißt dafür zu sorgen, dass Substantiv, Artikel, Adjektiv und Pronomen zusammenpassen.«[56] So wie es keinen Einfluss darauf hat, wie wir uns einen *Zahnarzt* vorstellen, ob dieses Wort gerade im Dativ oder im Akkusativ steht, hat es nach dieser Argumentation auch keinen Einfluss auf uns, dass das Wort ein grammatisches Maskulinum ist. Die Grammatik wird von Genderkritiker*innen in der öffentlichen Diskussion oft als etwas dargestellt, das objektiv ist und deshalb gar nicht diskriminieren kann. So nennt der Linguist Peter Eisenberg das generische Maskulinum in einem Beitrag im *Tagesspiegel* eine »unschuldige grammatische Kategorie«.[57] Glücklicherweise sitzt, wer die Grammatik pauschal für unschuldig hält, einem Irrtum auf. Denn wenn sie das wäre, wäre unsere Sprache weit weniger ausdrucksstark, als sie ist.

56 Glück, Helmut: Die Ersatzreligion der sprachlichen Anbiederung. Gastbeitrag auf Faz.net. 27.02.2019.

57 Eisenberg, Peter: Finger weg vom generischen Maskulinum! Gastbeitrag auf Tagesspiegel.de. 08.08.2018.

5. KAPITEL
Die Grammatik ist nicht unschuldig

Ta vie, un livre sans virgule car faut pas se priver
Sachant que chaque chose a un point final, pas vrai?[58]

Oxmo Puccino – La Loi du Point Final

Wenn wir darüber nachdenken, was Sprache in unseren Köpfen und in der Welt bewirken oder anrichten kann, vergessen wir die Grammatik viel zu oft. Den Wörtern, die wir verwenden, schenken wir unsere ganze Aufmerksamkeit: Mit ihnen erzählen wir Geschichten. Wir lösen Emotionen aus, geben unseren Gedanken einen Rahmen und erzeugen Bilder in den Köpfen unserer Gesprächspartner*innen oder Leser*innen. Wir können Menschen mit Schimpfwörtern, mit ableistischen oder rassistischen Wörtern verletzen. Wir können andere degradieren, indem wir sie *unwichtig, klein* und *mickrig* nennen. Wir können über unsere Gefühle sprechen, über die *Liebe*, den *Herzschmerz* und das *Grummeln* in unserem Bauch. Wir können unsere Erinnerungen in bunten Farben erzählen, das *Haus am Meer*, der *Sand, in den sich unsere nackten Füße graben*, der *salzige Wind auf unserer Haut*. Wörter haben Kraft.

In der Schule und in Sprachkursen ist Grammatik hingegen oft schlicht etwas, das man ›richtig‹ machen muss. Wortendungen, Zeitformen, Dativ, Akkusativ. Grammatik kann man in Schulaufsätzen rot anstreichen: Dieses Substantiv steht im falschen Kasus, jenes Plusquamperfekt ist falsch gebildet. Welche Endung oder Beugung ein Wort jeweils bekommen muss – *Haus, Hauses, Häuser* – weiß man, oder man weiß es eben nicht. Bei dem Wort *Grammatik* dachte ich sehr lange Zeit an meinen ersten Französischkurs an der Uni, in dem ich jeden Montagmorgen um acht Uhr müde auf einer Holzbank im Hörsaal saß und die richtigen Endungen in Lückentexte

58 Auf Deutsch ungefähr: Dein Leben, ein Buch ohne Komma, denn man sollte sich nicht einschränken / Weiß man doch, dass hinter alles ein Schlusspunkt gesetzt ist, nicht wahr?

füllen musste. Danach mussten wir vorlesen, jede Person einen Satz, und hofften, dass wir nicht ausgerechnet bei der Lücke an die Reihe kamen, für die uns keine Lösung eingefallen war.

In der Grammatik gibt ein relativ eindeutiges ›Richtig‹ und ›Falsch‹.[59] Sie gibt die Regeln vor, mit denen wir Sätze bauen. Sie ordnet unsere Äußerungen: Ist die *Katze* Subjekt und tut etwas oder wird etwas mit der Katze gemacht und ist sie also das Objekt? Gibt es einen mit *weil* eingeleiteten Nebensatz dazu, in dem der Grund erklärt wird, warum die Katze den Fisch betrachtet? Und die Grammatik ordnet die Wörter in Kategorien wie den Dativ oder den Akkusativ, die uns helfen, Sätze zu entschlüsseln. Gäbe es keine Grammatik, würden wir Wörter aneinanderreihen, ohne dass erkennbar wäre, in welcher Beziehung sie zueinander stehen. Das ist alles erst einmal sehr nüchtern und strukturell – ganz so, wie Genderkritiker*innen auch die grammatischen Kategorien Maskulinum (*der* Astronaut), Femininum (*die* Katze) und Neutrum (*das* Goldfischglas) gerne beschreiben.

Aber neben diesem offensichtlichen ›Richtig‹ und ›Falsch‹ hat unsere Grammatik noch mehr Nuancen. Es gibt unterschiedliche Möglichkeiten, *wie* wir eine Botschaft mithilfe ihrer Regeln übermitteln. Ein Ausrufesatz ist zum Beispiel nach sehr konkreten Regeln gebaut: Das Verb muss an erster Stelle stehen, dann kommen die restlichen Wörter und am Ende muss ein Ausrufezeichen stehen. *Gib mir mal das Salz!* Ob wir das, was wir sagen wollen, in einem Ausrufesatz sagen, können wir uns allerdings aussuchen. Wir können stattdessen auch eine Frage stellen: *Gibst du mir mal das Salz?* Und schon haben wir unsere Worte sehr viel höflicher verpackt. Beide Sätze sind nach den Regeln der Grammatik absolut richtig. Aber der zweite ist in der Situation, in der ich mit den Eltern meines Freundes am Esstisch sitze, passender.

Die Grammatik übermittelt etwas, das ohne sie nicht in den Wörtern stecken würde. Sie ist deshalb ein ebenso wichtiges Ausdrucksmittel wie unsere Wortwahl. Mit ihr drücken wir genauso Emotionen aus, bauen Spannung auf und verpacken zusätzliche Botschaften. Viel subtiler noch als mit Worten transportieren wir über die Grammatik unsere Meinungen und unsere Perspektive auf die Welt. Wir geben den Wörtern Gewicht oder lassen sie im Hintergrund verschwinden. Wir perspektivieren und ordnen. Wir degradieren Aussagen zu einem Nebensatz oder geben ihnen im Hauptsatz

59 Grammatische Regeln können sich im Lauf der Zeit ändern, und so ist nicht immer ganz eindeutig, was heute noch ›falsch‹ oder vielleicht schon ›richtig‹ ist.

eine große Bühne. Wir machen Menschen zu Subjekten, die handeln, oder zu Objekten, die nicht handeln. Wir geben einem Verb Energie, indem wir es ins Aktiv statt ins Passiv setzen. Wir mildern unsere Aussagen mit einem Konjunktiv ab. Wir erzählen eine Geschichte im Präsens statt in einer der Vergangenheitsformen, um sie lebendiger zu machen.

This sentence has five words. Here are five more words.
Five-word sentences are fine. But several together become monotonous.
Listen to what is happening. The writing is getting boring. The sound of it drones.
It's like a stuck record. The ear demands some variety.
Now listen.
I vary the sentence length, and I create music. Music.
The writing sings. It has a pleasant rhythm, a lilt, a harmony.
I use short sentences.
And I use sentences of medium length.
And sometimes, when I am certain the reader is rested,
I will engage him with a sentence of considerable length,
a sentence that burns with energy and builds with all the impetus of a crescendo,
the roll of the drums, the crash of the cymbals –
sounds that say listen to this, it is important.
So write with a combination of short, medium, and long sentences.
Create a sound that pleases the reader's ear.
Don't just write words. Write music.

Gary Provost (Schriftsteller)[60]

Man könnte auch sagen: Wir nutzen so ziemlich alles, was wir an sprachlichem Material in unserem Sprachsystem haben, um uns auszudrücken. Und das ist eben nicht nur der Wortschatz, sondern auch die Grammatik. Das hat zur Folge, dass die Sätze, die wir formulieren, bis in ihre tiefsten Schichten hinein subtile Botschaften enthalten können. Die Grammatik ist also nicht nur Struktur oder eine Schablone, in die man Wörter hineinsetzt.

Die grammatischen Kategorien Maskulinum und Femininum sind ein weiteres Beispiel dafür, wie wir die Grammatik dazu nutzen, noch mehr

60 Provost, Gary: 100 Ways to Improve Your Writing. Berkeley: Penguin Publishing Group 2019.

Bedeutung zu transportieren als allein mit den Wörtern. Welches Gender wir im Aussehen und Auftreten einer konkreten Person zu erkennen glauben, drücken wir im Deutschen auch mithilfe der Grammatik aus. Wörter wie *Freundin, Freund, Nachbarin* und *Nachbar* unterscheiden sich nicht nur durch ihr Aussehen[61] voneinander – an manchen hängt ein *-in*[62], an anderen nicht. Sie haben auch alle ein *grammatisches Geschlecht*: *Freundin* und *Nachbarin* sind grammatische Feminina, *Freund* und *Nachbar* grammatische Maskulina. Wenn wir im Deutschen über eine konkrete Person mit einem Substantiv sprechen, dann machen wir diese Person fast immer sprachlich zu einer ›Frau‹ oder zu einem ›Mann‹, indem wir ein feminines oder ein maskulines Substantiv wählen. Die Unterscheidung, die sie zwischen ›Männern‹ und ›Frauen‹ machen, war und ist den Sprecher*innen des Deutschen so wichtig, dass sie sie in die Grammatik eingebaut haben.

Allerdings nutzen wir die grammatischen Kategorien Maskulinum und Femininum nicht immer, um Gender sprachlich auszudrücken, und das macht die Sache frickelig. Denn dadurch ist schwer auseinanderzuhalten, wann ein grammatisches Maskulinum oder ein grammatisches Femininum, das uns in einem Text oder in einem Gespräch begegnet, etwas über Gender ausdrücken soll und wann nicht. Diese beiden grammatischen Kategorien können auch durchaus lediglich grammatische Kategorien sein, die Struktur und Ordnung in Sätze bringen und Menschen nicht mutwillig irgendeine Genderidentität andichten.

Die beiden grammatischen Geschlechter Maskulinum (*der* Tänzer) und Femininum (*die* Tänzerin) sind zusammen mit dem dritten grammatischen Geschlecht Neutrum (*das* Publikum) Teil eines großen grammatischen Systems: des *Systems der grammatischen Geschlechter*[63]. Wenn man sich die

---

61 Man spricht in der Linguistik von der *Morphologie* der Wörter, also von der Lehre von ihrer Gestalt. In der Morphologie als linguistischer Teildisziplin untersucht man, in welche Einzelteile sich Wörter zerlegen lassen und nach welchen Regeln sie aus verschiedenen kleineren Elementen zusammengebaut werden.

62 Die Nachsilbe *-in* ist ein sogenanntes *Movierungssuffix*: Damit kann man aus einem Wort ein neues Wort machen und dabei gleichzeitig der mit dem Wort bezeichneten Person (oder dem Tier) ein neues Gender verpassen. Das Movierungssuffix *-in* macht Wörter ›weiblich‹ und damit aus den Bezeichneten ›Frauen‹, es geht aber auch umgekehrt: Die Nachsilbe *-erich* macht ›weibliche‹ Wörter ›männlich‹ (*Hexerich*, *Enterich*).

63 Der linguistische Fachausdruck ist *Genussystem*. *Genus* ist der Fachbegriff für grammatisches Geschlecht (also für die drei Kategorien Maskulinum, Femininum und Neutrum). Ein Genussystem ist also ein grammatisches System, in dem grammatisches Geschlecht organisiert ist (i. Engl. *grammatical gender system*).

Grammatik als ein großes Gerüst vorstellt, das die Sprache zusammenhält, dann ist das System der grammatischen Geschlechter ein Teil dieses Gerüsts. Dieser Teil bildet zwar in sich eine Einheit, hat aber an vielen Stellen eine tragende Funktion für das gesamte Sprachsystem. Was die beiden Kategorien Maskulinum und Femininum sind und wie sie funktionieren, können wir nur verstehen, wenn wir sie im Zusammenhang dieses Systems betrachten.

In so ziemlich jedem Satz, den man im Deutschen bilden kann, spielt das System der grammatischen Geschlechter eine Rolle und betrifft dabei nicht nur die Substantive. Denn zum einen ist fast jedes Substantiv entweder ein Femininum, ein Maskulinum oder ein Neutrum.[64] Und zum anderen müssen, wenn sie in der Einzahl stehen, alle Artikel (*der, die, ein, eine* usw.), alle Adjektive zwischen Artikel und Substantiv (z.B. der *einfallsreiche* Pianist)[65] und alle Pronomen (*er, sie, sein, seine, jener, jene* usw.) dasselbe grammatische Geschlecht wie das Substantiv haben, auf das sie sich beziehen, und danach ihre Endung und teilweise sogar ihre gesamte Form ausrichten (*ein* einfallsreich*er* Pianist oder *eine* einfallsreich*e* Pianistin). Nur in der Mehrzahl sind alle Endungen und alle Wörter, die die Substantive in Sätzen begleiten, gleich – hier wird das grammatische Geschlecht nicht an den Artikeln, Adjektiven und Pronomen markiert (*die* einfallsreich*en* Pianistinnen und *die* einfallsreich*en* Pianisten).

Das System der grammatischen Geschlechter des Deutschen ist ein sehr seltsames grammatisches System. Seit über 100 Jahren schon beißen sich Linguist*innen die Zähne an der Aufgabe aus, seine Feinheiten zu beschreiben. Es hat nämlich noch deutlich mehr Funktionen als die, Menschen in zwei Genderkategorien einzuteilen. Die Bezeichnung *grammatische Geschlechter* ist so gesehen irreführend: Ein Maskulinum ist nicht gezwunge-

64 Bei manchen Substantiven – meistens Wortneuschöpfungen oder Fremdwörtern – ist das grammatische Geschlecht nicht eindeutig beziehungsweise: Wir haben uns als Sprachgemeinschaft noch nicht auf ein grammatisches Geschlecht geeinigt, z.B. bei *der/die/das Nutella*. Oft haben Substantive in Dialekten ein anderes grammatisches Geschlecht als im Standarddeutschen. Außerdem gibt es einige wenige Wörter, die nur in der Mehrzahl vorkommen, sogenannte *Pluraliatantum*: *Leute, Ferien, Kosten* usw. Bei diesen Wörtern ist das grammatische Geschlecht unbekannt, weil man es in der Mehrzahl nie erkennt: *der* Opa, *die* Oma und *das* Enkelkind werden in der Mehrzahl alle zu *den* Opas, *den* Omas und *den* Enkelkindern.

65 D.h. *attributiv verwendete* Adjektive. Nicht attributiv verwendete Adjektive richten sich mit ihrer Endung nicht nach dem grammatischen Geschlecht des Substantivs (z.B. der Pianist ist *einfallsreich*).

nermaßen etwas ›Männliches‹ und ein Femininum nicht unbedingt etwas ›Weibliches‹. Jacob Grimm, der ältere der Gebrüder Grimm und Autor mehrerer Wörter- und Grammatikbücher, behauptete das zwar:

> »das masculinum scheint das frühere, größere, festere, sprödere, raschere, das thätige, bewegliche, zeugende; das femininum das spätere, kleinere, weichere, stillere, das leidende, empfangende«[66]

Wenn es nach Grimm geht, sind sogar Dinge und abstrakte Konzepte entweder ›männlich‹ oder ›weiblich‹, wenn sie sprachlich Maskulina oder Feminina sind. Eine gute Weile lang haben Linguist*innen in der Geschichte ihrer Disziplin versucht, Gender in allen möglichen Wörtern zu finden. Mittlerweile ist die Linguistik aber von der Idee, dass grammatische Geschlechter etwas über das ›männliche‹ und ›weibliche‹ Wesen aller Wörter aussagen könnten, wieder abgekommen. *Ein* Stuhl ist nicht ›männlicher‹ als *eine* Lampe, *die* Eiche ist nicht ›weiblicher‹ als *der* Apfelbaum und *der* Rasen darunter ist ebenso wenig besonders ›männlich‹.

Wenn wir denken, ein Stuhl wirkt ›männlicher‹ als eine Lampe, und finden, das passt dazu, dass es *der* Stuhl und *die* Lampe heißt, dann interpretieren wir etwas in das grammatische Geschlecht dieser Wörter hinein, das eigentlich nicht in ihnen steckt. Dann *löst* das grammatische Geschlecht in uns eine genderspezifische Vorstellung *aus* – Gender ist aber nicht der Grund, warum dieses Wort sein grammatisches Geschlecht hat. Menschen haben nicht in der Geschichte des Deutschen das Wort *Stuhl* zu einem Maskulinum gemacht, weil sie fanden, dass Stühle einen recht ›männlichen‹ Eindruck machen. Dass die drei grammatischen Geschlechter im Deutschen Maskulinum, Femininum und Neutrum heißen, spiegelt zwar ein enges Zusammenspiel mit Genderkategorien wider. Aber im Prinzip könnten sie genauso gut *Nominalklasse 1, Nominalklasse 2* und *Nominalklasse 3* heißen.

Diese drei grammatischen Kategorien sind vor allem dazu da, Ordnung in Sätzen zu schaffen. Dadurch, dass Artikel, Pronomen und bestimmte Adjektive in der Einzahl ihre Endungen und teilweise sogar ihre gesamte

66 Grimm, Jakob. Deutsche Grammatik. Neuer verm. Abdr. besorgt durch Wilhelm Scherer. Band I. Berlin: Dümmler 1870, S. 359.

Form danach ausrichten, welches grammatische Geschlecht das Substantiv hat, auf das sie sich beziehen, können wir gut erkennen, welche Wörter im Satz zusammengehören:

> Mit [ruhiger Stimme]$_{\text{Femininum}}$ gab [der Kapitän seine]$_{\text{Maskulinum}}$ Anweisungen, die dann [vom Ersten Steuermann]$_{\text{Maskulinum}}$ laut ausgerufen wurden.[67]

Das Deutsche ist dank seiner drei grammatischen Geschlechter eine sehr aufgeräumte Sprache. Sie zurren die Wörter zu handlichen Paketen zusammen und können außerdem über einige Entfernungen hinweg Beziehungen zwischen ihnen markieren:

> Während *der kleine Nachtalb* auf seiner Fledermaus völlig geräuschlos über diesen Blumen-Irrgarten hinschwebte, konnte *er* auch allerlei seltenes Getier beobachten.[68]

Wir merken beim Lesen sofort, dass mit dem Wort *er* nicht zum Beispiel die Fledermaus, sondern *der kleine Nachtalb* gemeint ist. Denn das Pronomen *er* und das Substantiv *Nachtalb* sind beide Maskulina, das Substantiv *Fledermaus* dagegen ist ein Femininum. Der Satz hat eine innere Struktur, die wir erfassen, während unsere Augen darüberwandern. So, wie wir beim Spazierengehen unsere Umwelt scannen und die Dinge um uns herum gedanklich einordnen – das da vorne ist eine andere Spaziergängerin, da drüben ist eine Taube, daneben noch eine Taube – scannen wir beim Lesen die Wörter und sortieren sie in grammatische Kategorien. Das System der grammatischen Geschlechter hilft uns dabei, Sätze zu entziffern. Es drückt Adjektiven, Artikeln und Pronomen Stempel auf, auf denen steht: »Wir gehören zum Substantiv XY!«

Nicht jede Sprache der Welt hat eine derart praktische Vorrichtung, mit der alle diese Wörter in Kategorien sortiert werden können. Das Englische beispielsweise verfügt über kein System der grammatischen Geschlechter. Lediglich bei den Pronomen wird hier nach drei Kategorien unterschieden

---

67 Ende, Michael: Momo. 23. Auflage. Stuttgart: Thienemann Verlag [1973], S. 29.

68 Ende, Michael: Die unendliche Geschichte. Stuttgart: Thienemann Verlag 2020 [1979], S. 30.

(*he, she, it*).[69] Die Substantive hingegen werden alle ein und derselben Kategorie zugeteilt und ebenso bekommen die Wörter, die sie im Gepäck haben, alle dieselbe Form: *the* land, *the* earth, *the* crack, *the* pilot, *the* dancer, *the* president. Substantive verbinden sich im Englischen immer mit dem geschlechtslosen Artikel *the* und mit Adjektiven, an denen man kein grammatisches Geschlecht erkennen kann. Denn diese Wörter sind nicht zum Sortieren von Sätzen da. Das Englische kommt wunderbar ohne ein ordnendes System der grammatischen Geschlechter aus, das Deutsche nicht.

Allerdings sind Sätze im Englischen auch in der Regel nicht so lang und verschachtelt wie im Deutschen. Der US-amerikanische Schriftsteller Mark Twain machte mit der Vorliebe der Deutschen für lange Schachtelsätze 1878 auf einer Europareise Bekanntschaft, als er sich unter anderem in Heidelberg aufhielt. Was die Menschen dort sprachen, muss Twain nachhaltig beeindruckt haben, denn er widmete der Sache daraufhin einen ganzen Essay mit dem Titel *The Awful German Language* (»Die schreckliche deutsche Sprache«). Darin lamentiert er, Sätze wären im Deutschen unglaublich lang und man würde sich gar nicht darin zurechtfinden:

> »An average sentence, in a German newspaper, is a sublime and impressive curiosity; it occupies a quarter of a column; [...] it treats of fourteen or fifteen different subjects, each enclosed in a parenthesis of its own, with here and there extra parentheses, which re-enclose three or four in the minor parentheses, making pens with pens; [...].«[70]

Und das Verb komme erst irgendwann ganz am Ende, sodass man erst dann endlich herausfinde, worum es in dem Satz überhaupt geht. Man kann im Deutschen gut überaus lange Sätze bilden, und das liegt unter anderem daran, dass wir drei grammatische Geschlechter haben, die Ordnung und Struktur in die Sache bringen. So verlieren wir nicht den Überblick. Twain wusste das nicht zu schätzen. Bei ihm stieß auf vollkommenes Unverständnis, dass man sich, wenn man als Nicht-Muttersprachler*in Deutsch lernt, für jedes einzelne Substantiv merken muss, welches grammatische Geschlecht es hat:

---

69 Welches Pronomen für etwas verwendet wird, entscheidet sich im Englischen allein danach, ob es sich um einen ›Mann‹, eine ›Frau‹ oder ein Ding handelt.

70 Twain, Mark: The Awful German Language. In: A Tramp Abroad. Hartford: American Publishing Company 1880. S. 601–620, hier S. 603.

»Every noun has a gender, and there is no sense or system in the distribution; so the gender of each must be learned separately and by heart. There is no other way. To do this, one has to have a memory like a memorandum-book.«[71]

Allerdings irrt Twain darin, dass es angeblich keinerlei System in der Zuordnung der grammatischen Geschlechter gibt. Die innere Struktur einer Sprache ist niemals völlig willkürlich und so muss es auch Regelmäßigkeiten geben, die bestimmen, ob ein Wort Maskulinum, Femininum oder Neutrum ist, obwohl es auf den ersten Blick überhaupt nicht danach aussieht. Linguist*innen rätseln bereits seit langer Zeit, welche Kriterien das sein könnten. Warum ist ein Wort ausgerechnet ein Maskulinum, Femininum oder Neutrum? Ein Wort wie *Opa* ist Maskulinum, weil der Opa ein ›Mann‹ ist – schön und gut. Aber warum ist ein Wort wie *Stuhl* ein Maskulinum?

Manchmal kann man Wörter danach, welches grammatische Geschlecht sie haben, in thematische Gruppen einordnen: Früchte sind zum Beispiel oft Femininum (*die* Kiwi, *die* Banane, *die* Kirsche) und Alkohol ist oft Maskulinum (*der* Wodka, *der* Gin, *der* Martini). Nicht etwa, weil alle Früchte so ›weibliche‹ Eigenschaften hätten und Alkohol immer so ›männlich‹ ist, sondern, weil die Sprache anscheinend eine Regel entwickelt hat, nach der bestimmte thematisch zusammengehörende Gruppen von Wörtern dasselbe grammatische Geschlecht zugewiesen bekommen. Das grammatische Geschlecht sortiert damit den Wortschatz ein Stück weit.

Es gibt noch weitere Regelmäßigkeiten. Einige betreffen die grobe Struktur von Wörtern und bei einigen geht es um noch feinere Details, zum Beispiel um die einzelnen Laute, mit denen die Wörter im Gesprochenen gebildet werden.

- Wörter, die auf *-ung* (*Leitung, Meinung, Lichtung*) und *-keit* (*Heiterkeit, Wenigkeit, Leichtigkeit*) enden, sind zum Beispiel immer Feminina und Wörter, die auf *-ling* enden, immer Maskulina.
- Solche Wörter, die auf *-en* enden, sind häufig maskulin (*Wagen*), wenn sie nicht aus Verben entstanden sind (sonst sind sie Neutra: *Laufen*).

71 Ebd., S. 607.

- Häufig feminin wiederum sind Wörter, die, wenn man sie ausspricht, auf ein sogenanntes Schwa enden, ein kurzes ›öh‹, bei dem wir den Mund sehr schlaff machen (*Kurve, Kanne, Meute*).
- Wörter, die nur aus einer Silbe bestehen, sind dann mit hoher Wahrscheinlichkeit Feminina, wenn sie mit einem sogenannten Frikativ – einem Laut, bei dem eine Engstelle im Mund gebildet wird[72] – und einem daran anschließenden *t* enden, wie zum Beispiel bei *Frucht, Luft, Kluft, Schicht, Macht.*[73]

Linguist*innen haben noch viele weitere derartige Gesetze und Regelmäßigkeiten gefunden. (Einige Forscher*innen tun ihre gesamte Laufbahn über fast nichts anderes, als zu beobachten, wie sich Laute in Wörtern verhalten. Das ist tatsächlich sehr spannend, weil es unheimlich viele Details gibt, die eine Rolle spielen: Wo genau im Mund wir den Laut bilden, warum wir denselben Laut in verschiedenen Wörtern unterschiedlich aussprechen, an welchen Positionen in Wörtern welche Laute überhaupt stehen können, ...) Das heißt: Ob ein Substantiv ein grammatisches Maskulinum, Femininum oder Neutrum ist, ist kein Zufall. Es hängt manchmal von seiner Gestalt – seinem Aussehen und seinem Klang – und manchmal auch von seiner Bedeutung ab.

Wenn ein Wort also ein Femininum ist, dann heißt das noch lange nicht, dass es etwas ›Weibliches‹ an sich haben muss – selbst dann, wenn das Wort in den Köpfen von Menschen, die es irgendwo lesen oder hören, möglicherweise ein ›weibliches‹ mentales Konzept aktiviert. Die Bedeutung eines Wortes ist etwas, das in unseren Köpfen entsteht und also nicht der *Grund* dafür sein muss, dass ein Wort einer bestimmten grammatischen Kategorie angehört. Die *Leitung* ist nicht *deshalb* ein Femininum, weil sie ›weiblich‹ ist, selbst, wenn wir sie uns ›weiblich‹ vorstellen, während wir dieses Wort lesen. Sie ist ein Femininum, weil sie auf *-ung* endet. Wenn Alkoholsorten

72 Die Engstelle darf nicht zu weit, aber auch nicht zu eng sein. Es muss noch Luft durchkommen, damit der Laut entsteht, zum Beispiel ein *f, v, w, ch, sch* oder *s*. Das mit dem Mund, der Zunge und den Zähnen hinzubekommen, ist koordinatorisch so schwierig, dass wir es, wenn wir betrunken sind, oft nicht mehr so richtig schaffen. Dann lallen wir.

73 Köpcke, Klaus-Michael & David Zubin: Prinzipien für die Genuszuweisung im Deutschen. In: Ewald Lang & Gisela Zifonun (Hgg.): Deutsch – Typologisch. Berlin/New York: De Gruyter 1996. S. 473–491.

maskulin sind, bedeutet das nicht, dass Alkohol eine ›Männerdomäne‹ ist. Und wenn insgesamt die meisten Wörter des deutschen Wortschatzes Feminina sind,[74] dann gibt die deutsche Sprache deshalb noch lange nicht dem ›Weiblichen‹ mehr Raum als dem ›Männlichen‹. Man darf die grammatischen Kategorien Maskulinum und Femininum nicht pauschal mit den sozialen Kategorien ›männlich‹ und ›weiblich‹ gleichsetzen.

Genderkritiker*innen nutzen diesen Umstand als Argument: Sie werfen denen, die gendern, vor, der Grammatik die soziale Kategorie Gender regelrecht aufzudrücken. Gendern, so der Vorwurf, sexualisiert die Grammatik, die eigentlich in Bezug auf Gender wunderbar neutral sei. Aber sind die drei grammatischen Geschlechter tatsächlich immer so neutral? Schließlich nutzen wir das System der grammatischen Geschlechter oft, um Menschen sprachlich ein Gender zu verpassen. Wenn wir das nicht tun würden, dann wäre das Maskulinum womöglich immer eine harmlose grammatische Kategorie. Wörter könnten aus allen möglichen Gründen dieser Kategorie angehören, die alle nichts mit Gender zu tun hätten. Doch Wörter sind im Deutschen nicht nur deshalb Maskulina, weil sie zum Beispiel auf *-ling* enden oder sonstige Kriterien in Bezug auf ihre Bauweise erfüllen, weil sie Alkoholsorten beschreiben oder Ähnliches. Ein nicht unerheblicher Teil der Wörter ist der Kategorie Maskulinum zugeteilt, um damit einer Person – oder auch zum Beispiel einem Tier – sprachlich ein Gender zu geben.

Man kann alle Substantive, die in einem Satz oder Text auftauchen, in zwei Gruppen sortieren: Die, bei denen das grammatische Geschlecht Gender ausdrücken soll – zum Beispiel ein grammatisches Femininum etwas ›Weibliches‹. Und die, bei denen es das nicht soll. Allerdings kann ein und dasselbe Substantiv, mit dem in dem einen Satz Gender ausdrückt wird, in einem anderen Satz von der Sprecherin überhaupt nicht als Ausdruck von Gender gemeint sein. Unabhängig davon, welche mentalen Konzepte die Wörter aufseiten der Hörer*innen und Leser*innen aktivieren, nutzen die Sprecher*innen und Schreiber*innen das System der grammatischen Geschlechter nur *manchmal*, um über Gender zu sprechen. Deshalb ist *der* Stuhl nicht ›männlich‹, *der* Seemann ist es aber schon. *Mein Zahnarzt* ist ein ›Mann‹, *alle Zahnärzte Deutschlands* sind aber als generisches Masku-

74 Laut Duden.de sind 20 Prozent der deutschen (im Duden gelisteten) Wörter Neutra, 34 Prozent sind Maskulina und 46 Prozent sind Feminina. Artikel »Die Verteilung der Artikel (Genusangabe) im Rechtschreibduden«.

linum nicht sämtlich ›Männer‹. Das Maskulinum *Hund* verwenden wir für ›weibliche‹ und ›männliche‹ Hunde, aber manchmal nehmen wir für die ›weiblichen‹ auch das Femininum *Hündin*. Das Femininum *Astronautin* ist auf jeden Fall eine ›Frau‹, aber das Femininum *Person* könnte auch ein ›Mann‹ sein. Wo liegt der Unterschied? Warum spielt Gender mal eine Rolle dabei, welches grammatische Geschlecht wir einem Wort verpassen, und dann ein anderes Mal wieder nicht?

Linguist*innen haben ein Kriterium dafür gefunden, wann wir im Deutschen mit unseren drei grammatischen Geschlechtern Gender ausdrücken und wann nicht: Belebtheit.[75] Belebtheit ist etwas, das viele Sprachen mit der einen oder anderen grammatischen Struktur ausdrücken. Zum Beispiel bekommen Substantive in manchen Sprachen unterschiedliche Endungen, wenn sie in einem Satz das direkte Objekt sind – je nachdem, ob sie etwas Belebtes oder Unbelebtes bezeichnen. So weit, so simpel. Das klingt nach einer einfachen Regel: Bei den Menschen (belebt) drücken wir mit dem grammatischen Geschlecht ein Gender aus, bei den Gegenständen und Dingen (unbelebt) aber nicht. Deshalb ist *eine Astronautin* ›weiblich‹ und *eine Lampe* nicht. Doch was ist mit dem Femininum *Person* und einem generischen Maskulinum wie *Astronauten*, die sich ja auch auf Menschen beziehen? Müsste *die Person* dann nicht eine ›Frau‹ und müssten *Astronauten* nicht immer ›Männer‹ sein?

Unsere Art, zu denken, ist komplexer. Ob jemand oder etwas belebt ist, ist für uns Menschen keine klare Ja-oder-Nein-Frage. Das, was wir um uns herum wahrnehmen – selbst ein anderer Mensch oder ein Tier – kann in unseren Augen *mehr oder weniger stark Leben* in sich tragen. Wie stark, hängt davon ab, wie autonom, handlungsmächtig und individuell etwas oder jemand in unseren Augen ist und wie stark dieser jemand oder dieser Gegenstand in unserer Vorstellung fühlen und denken kann. Belebtheit ist in unserer Wahrnehmung der Welt ein Kontinuum zwischen den Polen ›belebt‹ und ›unbelebt‹.

Belebtheit ist außerdem nicht immer eine permanente Eigenschaft: Etwas oder jemand kann in unseren Augen auch im einen Moment belebt sein und im nächsten nicht – je nachdem, wie wir es oder ihn gerade wahrnehmen.

75 Kotthoff, Helga & Damaris Nübling: Genderlinguistik. Eine Einführung in Sprache, Gespräch und Geschlecht. Tübingen: Narr 2018, vgl. v.a. S. 72–77.

Unser Teddy ist für uns belebter als die Tanne vor der Haustür. Dieser Baum ist für uns aber wiederum lebendiger als die Socke an unserem linken Fuß. Kleine Kinder nehmen den Teddy in den Arm und reden mit ihm. Wenn sie aus Versehen auf ihn treten, ist das aber nicht so schlimm. So viel Belebtheit wie ihrer Katze gestehen sie ihm dann doch nicht zu. Die Katze stellen wir uns meistens mit mehr Innenleben vor als einen Frosch. Sie kommt uns schlauer vor und so, als hätte sie mehr Persönlichkeit. Vielleicht denken wir sogar, sie spürt Schmerz eher als der Frosch. Unserem Auto wiederum geben wir möglicherweise einen Namen und reden beim Fahren mit ihm, weil es in unserer Vorstellung lebendiger ist, mehr Persönlichkeit hat und eher aktiv etwas tut als das Fahrrad, der Rasenmäher und die Schubkarre, die in der Garage direkt danebenstehen.

Ob wir das System der grammatischen Geschlechter nutzen, um einem Menschen, einem Tier oder sogar einer Sache sprachlich ein Gender zuzuordnen, hängt also nicht etwa davon ab, ob dieser Mensch, dieses Tier oder diese Sache in der Realität, nach objektiven Kriterien lebt oder nicht. Es hängt davon ab, wie stark belebt jemand oder etwas in diesem Moment *in unserer Wahrnehmung* ist. Die grammatischen Geschlechter schwanken in unserem Sprachgebrauch ständig zwischen der Unschuld, die der Linguist Eisenberg dem generischen Maskulinum attestiert, und der Aufgabe, anzuzeigen, ob etwas oder jemand ›weiblich‹ oder ›männlich‹ ist.

Man kann alle Dinge und Lebewesen in der Welt auf dem radikal subjektiven Belebtheits-Kontinuum einordnen. Sehr nah am Pol ›belebt‹ sind die Personen, die mit uns verwandt sind. Für die haben wir deshalb meistens Wörter, deren grammatisches Geschlecht mit ihrem Gender übereinstimmt: *die* Oma, *der* Opa, *die* Schwester, *der* Bruder, *die* Tochter, *der* Sohn, *die* Mutter, *der* Vater. Bei den Verwandtschaftsbezeichnungen ist es uns sogar so wichtig, das Gender der Personen sprachlich auszudrücken, dass wir oft neben den zwei grammatischen Geschlechtern sogar zwei sehr unterschiedliche Wörter haben. Menschen, die nicht mit uns verwandt sind, sind in unserer Wahrnehmung ebenfalls sehr belebt und bekommen deshalb ebenfalls Wörter, deren grammatisches Geschlecht mit dem Gender übereinstimmt, das wir an ihnen wahrzunehmen glauben. Aber hier haben wir in der Regel nicht mehr zwei völlig unterschiedliche Wörter: Meistens hängen wir einfach ein *-in* an das maskuline Wort und machen es so feminin.: *die* Freundin, *der* Freund, *die* Astronautin, *der* Astronaut.

Dass wir das System der grammatischen Geschlechter bei den Menschen oft nutzen, um Gender auszudrücken, muss nicht unbedingt immer etwas Schlechtes sein. Durch die grammatischen Geschlechter haben wir eine sehr platzsparende, praktische Möglichkeit, über Gender zu sprechen – jedenfalls wenn wir nur über ›Frauen‹ oder ›Männer‹ sprechen wollen. Die französische Musikerin *Pomme* hat sich das System der grammatischen Geschlechter des Französischen zum Beispiel in einem wunderschönen, traurigen Lied zunutze gemacht, um mit wenigen Worten subtil, fast beiläufig auszudrücken, dass die Liebesbeziehung, die sie besingt, keine heterosexuelle, sondern eine lesbische ist. Sie singt:

»On brûlera toutes les deux
En enfer, mon ange
J'ai prévu nos adieux
À la terre, mon ange
Et je veux partir avec toi
Et je veux mourir dans tes bras«

Was auf Deutsch in etwa heißt:

»Wir werden beide in der Hölle
brennen, mein Engel
Ich habe unseren Abschied von der Erde
vorhergesehen, mein Engel
Und ich möchte mit dir fortgehen
Und ich möchte in deinen Armen sterben«

Das deutsche *wir beide*, das kein grammatisches Geschlecht hat, ist im Französischen *toutes les deux*, das grammatisch feminin ist. Grammatisches Geschlecht wird im Französischen an noch mehr Wörtern als im Deutschen ausgedrückt. Wenn Pomme diese Worte singt, dann können ihre Zuhörer*innen schlussfolgern, dass die Person, die in dem Lied adressiert wird, eine ›Frau‹ ist. Wäre sie ein ›Mann‹, würde *toutes* zu einem grammatisch maskulinen *tous* werden. Wörter für mehrere Menschen sind im Französischen (genauso wie im Deutschen) immer Maskulina, sobald auch nur ein ›Mann‹ Teil der benannten Gruppe ist.

So kann Pomme sprachlich mit nur einem einzigen Wort ausdrücken, dass sie als ›Frau‹ über ihre Liebe zu einer ›Frau‹ singt. Sie muss es nicht wortreich beschreiben, sondern kann es sprachlich als etwas Selbstverständliches behandeln. Wenn wir etwas präzise benennen können, können wir damit unter Umständen verhindern, dass unser Kopf der Einfachheit halber in Stereotypen denkt. Würde Pomme ihr Lied auf Deutsch singen und der Text würde lauten *Wir werden beide in der Hölle brennen, mein Engel*, dann würden die Zuhörer*innen wahrscheinlich nicht darüber nachdenken, ob der *Engel* eine ›Frau‹ sein könnte. Ich bin mir sehr sicher, sie würden sich eine heterosexuelle Liebe vorstellen und damit einen ›Mann‹.

Problematisch wird es jedoch, wenn wir in den Kategorien, die wir so genau benennen, gefangen bleiben. Und das passiert mit der Grammatik leichter als mit Wörtern, weil wir aus einem riesigen Wortschatz wählen können, aber die grammatischen Strukturen relativ starr sind. Pomme muss sich sprachlich darauf festlegen, dass die Liebe, über die sie als ›Frau‹ in dem Lied singt, entweder die zu einer ›Frau‹ ist (*toutes*) oder zu einem ›Mann‹ (*tous*). Unser jeweiliges grammatisches System gibt uns Grenzen vor, die wir oft nur umständlich vermeiden können. Wir können die Grammatik zwar relativ flexibel nutzen, um Dinge auszudrücken, und zwischen dem unterschiedlichen sprachlichen Material wählen, das uns zur Verfügung steht. Doch in Bezug auf Gender ist das sprachliche Material sowohl im Französischen als auch im Deutschen sehr begrenzt. Wir *müssen* Menschen sprachlich zu ›Frauen‹ und zu ›Männern‹ machen. Der polnische Linguist Jan Ignacy Niecisław Baudouin de Courtenay sprach deshalb bereits 1929 von einer »Sexualisierung des menschlichen Denkens« durch die Sprache.[76] Gender steckt in der Grammatik, sie ist schon sexualisiert und wird es nicht erst durch gegenderte Sprache.

Je belebter etwas oder jemand in unserer Vorstellung ist, desto eher drücken wir Gender über die grammatischen Geschlechter aus. Man kann diese Belebtheits-Regel auch leicht abwandeln: Wir nutzen das System der grammatischen Geschlechter genau dann dazu, Gender sprachlich auszudrücken, wenn wir als Sprecher*innen und Schreiber*innen gerade in Genderkategorien denken. Dann also, wenn Gender in unserer Wahrnehmung relevant ist.

Die Wörter für Menschen, bei denen das grammatische Geschlecht nicht mit dem Gender übereinstimmen muss (wie zum Beispiel *die* Person, *der*

---

76 Courtenay, Jan Ignacy Niecisław Baudouin de: Einfluß der Sprache auf Weltanschauung und Stimmung. In: Prace Filologiczme XIV. S. 185–255.

Mensch, *das* Mitglied), sind in der Regel keine Wörter für Menschen in unserem engsten Umfeld oder konkrete Personen, sondern allgemeinere Begriffe. Denn irgendein *Mensch* oder irgendeine *Person* ist für uns weniger belebt als unsere sehr konkrete *Nachbarin*. Das heißt nicht, dass wir uns bei diesen Wörtern auf keinen Fall ›Männer‹ oder ›Frauen‹ *vorstellen*. Die ›männlichen‹ Prototypen existieren sicherlich trotzdem in unserem Köpfen, unterbewusst. Und vielleicht beeinflusst uns das grammatische Geschlecht dieser Wörter trotz der Tatsache, dass es nichts über Gender aussagen soll. Aber: Wir haben bei Wörtern wie *Person*, *Mensch* und *Mitglied* anscheinend nicht das Bedürfnis, ein bestimmtes Gender sprachlich *auszudrücken* und deshalb verpassen wir ihnen beim Sprechen und Schreiben ein grammatisches Geschlecht, das nicht dem Gender der Person, um die es geht, entsprechen muss. Maskulinum, Femininum und Neutrum sind dann für Sprecher*innen und Schreiber*innen tatsächlich harmlose grammatische Kategorien. Dasselbe gilt für Pronomen wie *man, jemand* und *niemand*: Auch diejenigen, die wir mit diesen Wörtern benennen, sind für uns sehr unbelebt – wenn sie überhaupt existieren. So haben sich hier Wörter durchgesetzt, deren grammatisches Geschlecht nichts über Gender aussagen soll.

Und auch die besondere Kuriosität unserer Sprache, das generische Maskulinum, lässt sich teilweise mit dem Kriterium Belebtheit erklären: Das generische Maskulinum wird nämlich oft verwendet, wenn es nicht um konkrete Personen geht. Wenn ich sage:

»Ein Zauberer kommt nie zu spät«,

dann denke ich wahrscheinlich gerade nicht in Genderkategorien und verwende deshalb ein grammatisches Geschlecht, das nichts über Gender aussagen soll. Dasselbe gilt, wenn ich sage:

»Zauberer bekommen ihren Brief von Hogwarts, wenn sie elf Jahre alt sind.«

Auch hier geht es nicht um konkrete Personen und deshalb ist es nicht wichtig, ob mit dem grammatischen Geschlecht des Wortes *Zauberer* etwas über Gender ausgesagt wird. Generische Maskulina verwenden wir oft dann, wenn Menschen in unserer Wahrnehmung gerade sehr unbelebt sind. Ihr Gender ist den Sprechenden und Schreibenden in dem Moment maximal unwichtig, und deshalb kümmern sie sich nicht darum, das grammatische Geschlecht des Wortes daran anzupassen.

Wer beim Sprechen oder Schreiben nicht gendert, meint das also nicht unbedingt diskriminierend. Es ist gut möglich, dass die Person in dem Moment nicht etwa deshalb ein generisches Maskulinum verwendet, weil sie sich ›Männer‹ vorstellt. Sie denkt da sehr wahrscheinlich gerade nicht über Gender nach und sucht deshalb beim Sprechen aus ihrem Wortschatz das traditionelle Standard-Wort heraus, das dummerweise die maskuline Form ist. Zugegebenermaßen passiert mir das ständig. Neulich erst saß ich auf der Geburtstagsfeier meines Bruders in dessen Wohnzimmer und erzählte einer Maskenbildnerin, die für Kölner Filmproduktionen arbeitet, dass ich gerade ein Buch über das Gendern schreibe. Die Maskenbildnerin staunte anerkennend und ich fühlte mich in dem Moment ausgesprochen gut. Doch dann rutschte mir auf einmal ein generisches Maskulinum heraus: »Also, die Idee ist, zusammenzutragen, was Linguisten zu dem Thema sagen.« Das war mir peinlich. Die Maskenbildnerin bekam es viel besser hin, in jedem Satz, den sie sagte, einwandfrei zu gendern. Ich hingegen hatte in dem Moment anscheinend zu wenig an die soziale Kategorie Gender gedacht, um das Wort *Linguisten* anzupassen.

Anders verhält es sich, wenn wir über einzelne, konkrete Personen sprechen. Die scheinen wir fast immer in Genderkategorien zu denken. Und so kann ein und dasselbe maskuline Wort im einen Kontext nichts über die soziale Kategorie Gender aussagen und im nächsten Kontext Gender aus allen Rohren auf die Leser*innen oder Zuhörer*innen abfeuern. Ein Sprachrätsel, mit dem das generische Maskulinum gerne an den Pranger gestellt wird, ist zum Beispiel dieses hier:

> »Vater und Sohn fahren im Auto. Sie haben einen schweren Unfall, bei dem der Vater sofort stirbt. Der Sohn wird mit schweren Kopfverletzungen in ein Krankenhaus gebracht. Die Operation wird vorbereitet, alles ist fertig, als der Chef-Chirurg erscheint, blass wird und sagt: ›Ich kann nicht operieren, das ist mein Sohn!‹. Frage: In welchem Verwandtschaftsverhältnis stehen der Chirurg und das Kind?«

Die Geschichte soll nicht etwa von einem schwulen Paar handeln, sodass der eine Vater in dem Autounfall verletzt wurde und der andere als Chirurg im OP-Saal steht. Es soll sich um eine Chirurg*in* handeln, die ruft, sie könne ihren Sohn nicht operieren. Wer das Rätsel gelesen und nicht an eine ›Frau‹ gedacht hat, soll sich ertappt fühlen: Das generische Maskulinum hat versagt – so zumindest die Idee hinter diesem Rätsel.

Aber das Rätsel taugt im Deutschen überhaupt nicht als Argument gegen das generische Maskulinum, denn es enthält gar keines. Wenn ich sage: »*Ein Chirurg* muss oft stundenlang am OP-Tisch stehen«, dann ist *Chirurg* in diesem Satz ein generisches Maskulinum, weil das Wort sich nicht auf eine konkrete Person bezieht. Wenn ich aber sage: »*Der Chirurg, der mich operiert hat,* musste stundenlang am OP-Tisch stehen«, dann ist das Wort *Chirurg* in diesem Satz kein generisches Maskulinum, weil es sich auf die sehr konkrete Person bezieht, die mich wieder zusammengeflickt hat. Genauso ist es in dem Sprachrätsel: Da ist von einer konkreten Person die Rede. Wäre diese Person eine ›Frau‹, dann würde man sie aus diesem Grund nicht als *Chirurg* bezeichnen, sondern als *Chirurgin*. Das Sprachrätsel kann also nur von einem schwulen Elternpaar handeln.[77]

Dass es generische Maskulina gibt, lässt sich damit erklären, dass Menschen bisweilen in unserer Vorstellung nicht sehr belebt sind und ihr Gender für uns nicht so relevant ist, dass wir es mit den grammatischen Geschlechtern Maskulinum und Femininum ausdrücken wollen. Das ist anscheinend auch dann der Fall, wenn wir über eine Gruppe von Menschen sprechen, die aus ›Männern‹ und ›Frauen‹ (und gegebenenfalls außerdem aus nicht-binären Personen) besteht. Dann sprechen wir von unseren *Nachbarn*, unseren *Freunden* und den *Astronauten* auf der ISS. Warum sollte Gender auch wichtig sein, wenn man über eine Gruppe von Menschen spricht? Es ist doch egal, ob diese Menschen ›Frauen‹, ›Männer‹ oder nicht-binäre Personen sind!

Wenn sie nur ›Frauen‹ sind, ist es uns allerdings seltsamerweise nicht egal. Dann verwendet man nämlich im Deutschen nicht mehr das generische Maskulinum, sondern ein feminines Wort. Wir sprechen dann von unseren *Nachbarinnen*, von *Freundinnen* und *Astronautinnen*. Warum ist das Gender der Personen für Sprecher*innen und Schreiber*innen relevant, wenn es um eine Gruppe geht, die nur aus ›Frauen‹ besteht, aber nicht, wenn in der Gruppe ›Frauen‹ und ›Männer‹ sind? Wir behandeln

---

77 Helga Kotthoff und Damaris Nübling machen auf dieses Missverständnis in ihrem Überblicksband aufmerksam: Kotthoff, Helga & Damaris Nübling: Genderlinguistik. Eine Einführung in Sprache, Gespräch und Geschlecht. Tübingen: Narr 2018, S. 95 f.

›Frauen‹ beim Sprechen und Schreiben anders als ›Männer‹: Wenn wir über mehrere von ihnen sprechen, denken wir ihr Gender immer mit und machen sie sprachlich eindeutig zu ›Frauen‹.

Eine Gruppe, die nur aus ›Männern‹ besteht, machen wir hingegen ganz und gar nicht sprachlich eindeutig zu ›Männern‹. Die *Könige und Kaiser*, von denen am Anfang von Michael Endes Roman *Momo* die Rede ist, sind möglicherweise ausschließlich ›Männer‹, aber vielleicht sind auch ›Frauen‹ darunter:

> »In alten, alten Zeiten, als die Menschen noch in ganz anderen Sprachen redeten, gab es in den warmen Ländern schon große und prächtige Städte. Da erhoben sich die Paläste der Könige und Kaiser […].«[78]

Unter den *Zuhörern* von Gigi Fremdenführer sind vielleicht einige ›Frauen‹, vielleicht aber auch nicht:

> »Mit diesen Worten schloß Gigi die Führung, und die Zuhörer waren sichtlich beeindruckt.«[79]

Wir können uns nicht sicher sein, ob das Maskulinum hier, um es mit Eisenbergs Worten zu sagen, wirklich eine »unschuldige grammatische Kategorie« ist, oder ob es dazu genutzt wird, anzuzeigen, dass die Gruppe nur aus ›Männern‹ besteht.

Ähnlich ist es bei den Tieren: Welches Gender ein Tier hat, drücken wir nur manchmal über ein grammatisches Geschlecht aus, und so könnte zum Beispiel *der* Hund ein Rüde sein (es gibt schließlich auch *die* Hündin), aber möglicherweise ist er, obwohl er ein grammatisches Maskulinum ist, ein Weibchen. Die Tiere verteilen sich nämlich in unserer Wahrnehmung in der Mitte des Belebtheits-Kontinuums, wir nehmen sie als belebter wahr, je ähnlicher sie uns sind und je mehr wir im Alltag mit ihnen zu tun haben. Im Sprachsystem ist nicht nur Sexismus, sondern auch Speziesismus tief verankert. Wir selbst sind der Maßstab, die Menschen. So können *der* Hund, *der* Elefant und *die* Katze genauso gut ›weiblich‹ wie ›männlich‹ sein, völlig ungeachtet ihres grammatischen Geschlechts. Sie sind für uns

---

78 Ende, Michael: Momo. 23. Auflage. Stuttgart: Thienemann Verlag [1973], S. 7.
79 Ebd., S. 46.

nicht so belebt wie unsere Oma, haben weniger Persönlichkeit, weniger Innenleben und sind nicht so handlungsmächtig. Wenn sie uns jedoch ähnlich sind oder uns nahestehen, weil sie zum Beispiel als Haustiere mit uns unter einem Dach wohnen, bekommen sie von uns gelegentlich sprachlich ein Upgrade. Dann drücken wir ihr Gender doch mithilfe des grammatischen Geschlechts aus und sagen zum Beispiel *die* Hündin, *die* Hamsterdame oder *der* Kater.

Mein Bruder Malte und seine Freundin Eva haben eine Samojeden-Hündin. Samojeden sind weiße, fluffige Tiere, die mit ihren schwarzen Knopfaugen und dem treuherzigen Blick ein bisschen aussehen wie Steiff-Kuscheltiere. Wenn Malte und Eva mit ihrer Hündin spazieren gehen und Fremde rufen: »Das ist aber ein schöner Hund!«, dann korrigiert Eva sie und sagt »*Sie* ist eine *Hündin*!« Eva findet es in solchen Situationen wichtig, dass die Fremden wissen, dass ihr Hund eine *Hündin* ist. Letztens aber fuhren wir zusammen nach einem langen Tag bei IKEA in einem Umzugswagen, die Hündin lag im Fußraum vor dem Beifahrer*innensitz und schlief fast ein. Und Eva sagte: »Ich glaube, der Hund ist müde!« In der Situation war ihr das Gender der Hündin offensichtlich nicht wichtig genug, um es sprachlich auszudrücken. Sie dachte in dem Moment, in dem sie den Satz sagte, nicht daran, das *-in* an das Wort anzuhängen, um ihrem Gender gerecht zu werden.

Das Wort *Hund* ist anscheinend in unserer Wahrnehmung relativ frei von Gender. Das merkt man daran, dass ein Wort wie *Hundemännchen* nicht vollkommen seltsam klingt – eigentlich ist es ja doppelt als ›männlich‹ markiert. *Astronautenmann* klingt dagegen komisch. Je unähnlicher – und damit in unserer Wahrnehmung unbelebter – Tiere uns sind, desto weniger drücken wir ihr Gender über das System der grammatischen Geschlechter aus. Bei Säugetieren machen wir die Unterscheidung manchmal: *der* Löwe, *die* Löwin, *der* Elefant, *die* Elefantenkuh. Meistens sagen wir aber einfach *der* Löwe und *der* Elefant, egal, welches Gender das Tier hat, über das wir da gerade sprechen.

Bei den Tieren, die uns sehr unähnlich und in unseren Augen viel weniger belebt sind, haben wir manchmal sogar gar keine gebräuchlichen Wörter für die verschiedenen Gender: *Die Spätzin*? *Der Tauberich*? *Die Krokodilin*? Wir sagen eher *der Spatz, die Taube* und *das Krokodil* und interessieren uns nicht für das Gender des Tiers. Würden wir das Gender ausnahmsweise doch ausdrücken wollen, müssten wir weitere Wörter hinzufügen: *Taubenmännchen. Krokodilfrau.* Wir denken über diese Tiere anscheinend nicht so richtig in Genderkategorien.

Und bei abstrakten Konzepten, Pflanzen und Gegenständen, die in unseren Augen kaum bis gar nicht belebt sind, kommen wir normalerweise gar nicht erst auf die Idee. Sie befinden sich in unserer Wahrnehmung so nah am Pol ›unbelebt‹, dass wir hier Gender so gut wie gar nicht mit dem grammatischen Geschlecht ausdrücken können: *die Friedin, der Möhrerich* und *die* Kaktus-*Frau* sind Quatsch. Es sei denn, ich personifiziere eine Pflanze. Heinrich Heine schrieb im 19. Jahrhundert zum Beispiel ein Gedicht, das von der Liebe eines Fichtenbaums zu einer Palme handelt und das Linguist*innen in diesem Zusammenhang gerne zitieren:

»Ein Fichtenbaum steht einsam
Im Norden auf kahler Höh'.
Ihn schläfert; mit weißer Decke
Umhüllen ihn Eis und Schnee.
Er träumt von einer Palme,
Die, fern im Morgenland,
Einsam und schweigend trauert
Auf brennender Felsenwand.«[80]

Ganz klar: Die Beziehung, von der dieses Gedicht handelt, ist eine heterosexuelle Beziehung. Wohlgemerkt hat Heine dafür extra die feminine *Fichte* zu einem maskulinen *Fichtenbaum* gemacht. Würde eine *Fichte* von der *Palme* träumen, wäre schließlich die Genderwelt nicht mehr in Ordnung.

Das grammatische Geschlecht ist ein Werkzeug, mit dem wir Gender ausdrücken können – wenn wir das gerade brauchen. Deswegen wäre es auch einigermaßen unsinnig, Gender in das grammatische Geschlecht von Wörtern für in unserer Wahrnehmung unbelebte Dinge und auch für Tiere, denen wir gar kein Gender zuordnen, wie *Frösche, Libellen* und *Marienkäfer* hineinzuinterpretieren. Das grammatische Geschlecht soll bei diesen Wörtern – zumindest in der Theorie – nichts ausdrücken. Wir denken Frösche, Libellen und Marienkäfer anscheinend überhaupt nicht in Genderkategorien. Würden wir in den entsprechenden Wörtern nach

80 Ein Fichtenbaum steht einsam. Gedicht von Heinrich Heine, 1827.

Hinweisen für ein Gender suchen, würden wir unsere Sprache tatsächlich sexualisieren.

Schwieriger wird es, wenn wir diese Tiere ausnahmsweise doch einmal in Genderkategorien denken. In Kinderbüchern passiert das oft: *die* Biene Maja ist eine ›Frau‹, *der* Maulwurf Gabrowski ist ein ›Mann‹: Die Tiere werden personifiziert und auf einmal spielt das grammatische Geschlecht doch eine Rolle. Die Linguistinnen Christine Bickes und Vera Mohrs haben 74 deutschsprachige Kinderbücher durchgesehen, in denen Tiere personifiziert dargestellt wurden.[81] 187 Tiere kamen in den Büchern vor. Wenn die Tierbezeichnung, die wir normalerweise in der Sprache für sie verwenden, ein Maskulinum war (wie zum Beispiel *der* Hund, *der* Hase), dann waren die Tiere in den Kinderbüchern in 93 Prozent der Fälle ›Männer‹. Wenn die Tierbezeichnung ein Femininum war (*die* Eule, *die* Raupe), waren sie zu 82 Prozent ›Frauen‹. Wenn wir Tiere vermenschlichen, dann spielt Gender eine Rolle und dann machen wir aus dem grammatischen Geschlecht ein Aushängeschild für ›Männlichkeit‹ und ›Weiblichkeit‹.

Wenn ich am Teich in meinem Garten sitze, spreche ich also vielleicht nicht deshalb von *Fröschen*, weil ich alle Frösche vor mir im Wasser für ›männliche‹ Frösche halte. ›Weibliche‹ und ›männliche‹ Frösche sehen für mich höchstwahrscheinlich in dem Moment alle gleich aus und verhalten sich in meinen Augen gleich. Wenn ich einem kleinen Kind eine Geschichte über einen Frosch erzähle, dann meine ich damit aber vielleicht doch einen ›männlichen‹ Frosch, weil unsere auf Genderkategorien getrimmten Gehirne nicht anders können, als den *Fröschen* Hosen anzuziehen und den *Fröschinnen* Röcke.

Schwierig ist es auch mit Wörtern wie *Gesetzgeber* und *Beifahrersitz*. Das maskuline Wort *Gesetzgeber* bezeichnet eigentlich eine Institution und keinen Menschen, also etwas sehr Unbelebtes. Andererseits sind unsere Köpfe sehr gut darin, Institutionen zu personifizieren. Stellt sich jemand, der vom *Gesetzgeber* spricht, also ein ›männliches‹ Staatsorgan vor? Das Wort *Beifahrersitz* wiederum enthält das Maskulinum *Beifahrer*. Sprechen wir deshalb vom *Beifahrersitz*, weil wir uns die *Beifahrer* als ›Männer‹ vorstellen? Oder fokussieren wir uns, während wir dieses Wort sagen oder aufschreiben, auf den Sitz und nicht auf die Person, die darauf sitzt, sodass

81 Bickes, Christine & Vera Mohrs: Herr Fuchs und Frau Elster – Zum Verhältnis von Genus und Sexus am Beispiel von Tierbezeichnungen. In: Muttersprache 4 (2010). S. 254–274.

der Wortteil *Beifahrer* für uns nichts mit Gender zu tun hat? (Auch hier ist es wiederum noch einmal eine andere Frage, was diejenigen denken, die das Wort lesen oder hören.)

Und was ist zum Beispiel mit *Gott*, ist der in unserer Vorstellung ein ›Mann‹ und deshalb ein Maskulinum, oder denken wir Gott gar nicht in Genderkategorien? Kann ich guten Gewissens von *dem* Gott sprechen oder reproduziere ich damit das Narrativ, dass Gott ein ›Mann‹ ist? Könnte Gott nicht, wenn das grammatische Geschlecht egal ist, auch ein Femininum sein, *die* Gott oder *die* Göttin?

Womit wir bei einer wichtigen Frage angekommen sind: Warum sind so viele der Wörter für Menschen, die doch eigentlich gar kein Gender ausdrücken sollen, ausgerechnet grammatische Maskulina? *Man, jemand, niemand* und *wer* zum Beispiel. Es gibt wenige Ausnahmen, *die* Person ist beispielsweise ein Femininum und *das* Mitglied ein Neutrum. Die generischen Maskulina aber sind generische Maskulina und nicht generische Feminina. Dass der maximal genderlose (abstrakte, unkonkrete, unbelebte) Mensch in unserer Sprache oft mit einem Maskulinum bezeichnet wird, ist kein Zufall, sondern hängt eng mit der inneren Struktur des Systems der grammatischen Geschlechter zusammen: Es ist hierarchisch aufgebaut.

6. KAPITEL
Was Sprache über unser Denken verrät

It is quite possible – overwhelmingly probable, one might guess – that we will always learn more about human life and human personality from novels than from scientific psychology.

Noam Chomsky (Linguist)[82]

Sprache hat immer zwei Seiten: Auf der einen Seite gibt es die Person, die spricht oder schreibt. Auf der anderen Seite ist die Person, die die von der ersten Person produzierten Sätze hört oder liest. In der Linguistik trennt man die Sprecher*innen und Schreiber*innen klar von den Leser*innen und Hörer*innen, weil sie sehr unterschiedliche Dinge mit der Sprache tun. Die einen geben etwas in die Worte und Sätze, die sie formulieren, hinein. Sie versuchen, Botschaften damit zu übermitteln, und wollen etwas *ausdrücken*. Die anderen entschlüsseln die Worte und Sätze, *entpacken* die Botschaften und stellen aus den Bildern, die die Wörter und Sätze in ihren Köpfen aktivieren, Bedeutung her. Weil Sprache ein unzuverlässiges Transportmittel ist, darf man die beiden Seiten nicht gleichsetzen. Eine Botschaft kann völlig anders bei jemandem ankommen, als sie gemeint war. Wir verpacken unsere Gedanken in Worten, aber wir können nur hoffen, dass das, was unsere Worte in den Köpfen unserer Leser*innen und Hörer*innen entfalten, dem einigermaßen ähnelt, was wir uns dabei gedacht haben.

Die Diskussion ums Gendern dreht sich meistens um die Hörer*innen und Leser*innen: In ihren Köpfen sollen nicht überwiegend ›männliche‹ Konzepte aktiviert werden. Sie sollen die ›Frauen‹ und die nicht-binären Menschen nicht vergessen. Also fragen Sprachkritiker*innen danach, wie man Wörter und grammatische Strukturen bauen könnte, die bei den Hörer*innen und Leser*innen ausgewogenere Vorstellungen erzeugen. Man

82 Chomsky, Noam: Language and Problems of Knowledge: The Managua Lectures, Lecture 5, 1988, S. 159.

überlegt, was man den Menschen an Wörtern und Sätzen vorsetzen könnte, damit ihr Denken weniger männerzentriert ist.

Wenn wir aber wirklich ändern wollen, wie Gender in unserer Sprache vorkommt – und nicht nur in den Köpfen der Hörer*innen und Leser*innen –, dann müssen wir uns auch damit auseinandersetzen, was die Schreiber*innen und Sprecher*innen in die Sprache hineingeben: Denken sie, wenn sie von ihren *Freunden* sprechen, an ›Männer‹ oder ist ihnen Gender in dem Moment egal? Warum nennen wir unsere Hündin das eine Mal *Hündin* und das andere Mal *Hund*? Sprechen wir von *dem* Gott, weil wir uns einen ›Mann‹ vorstellen? Es spielt eine Rolle, ob diejenigen, die sprechen und schreiben, die ›Frauen‹ und nicht-binären Personen vergessen – sie erzählen ja die Geschichten, sie drücken Gedanken aus, geben Anweisungen, stellen Fragen, berichten über Ereignisse. Ob diese Menschen andere in Genderkategorien einordnen, während sie ihre Gedanken in Worte fassen, ist mindestens genauso wichtig wie die Frage, ob ihre Leser*innen und Zuhörer*innen das tun.

Und es gibt noch einen weiteren Grund, warum es sich lohnt, genauer zu beleuchten, wann und wie wir Menschen in Genderkategorien einordnen, während wir sprechen oder schreiben: Wir lernen dabei eine Menge über uns Menschen und darüber, wie wir die soziale Kategorie Gender denken, über die Genderstereotype in unseren Köpfen und die Grenzen unserer Vorstellungskraft. Was wir denken, während wir sprechen oder schreiben, spiegelt sich in unserer Sprache wider. Während Linguist*innen und Kognitionswissenschaftler*innen nur schwer herausfinden können, was wir denken, während wir etwas lesen oder hören, liegen unsere Gedanken in dem, was wir sagen oder schreiben, gut sichtbar vor uns: Wann verpassen wir Menschen, Tieren und sogar Dingen gedanklich ein Gender? Wir wählen unsere Worte und die grammatischen Kategorien je nachdem, in welche Kategorien wir die Welt einteilen. Es sind also nicht Abbildungen der Wirklichkeit, die wir in der Sprache vorfinden, sondern es sind Abbildungen *unseres* Denkens. Wir ordnen Wörter in grammatischen Strukturen, je nachdem, was wir wichtig oder unwichtig finden. Jeder einzelne Satz, den wir sagen, sagt etwas über unser Innenleben aus. Unsere Sprache ist damit ein Fenster zu unserem Denken.

Ein Sprachsystem ist noch interessanter als einzelne Texte: Darin zeigt sich nämlich, was viele Menschen über lange Zeit hinweg gedacht haben. Die natürlichen Sprachen dieser Welt haben ihre Strukturen dadurch erhalten, wie die Menschen in der jeweiligen Sprachgemeinschaft über lange Zeiträume hinweg gesprochen und geschrieben haben. Wir selbst formen unsere Sprache. Die Sprachen dieser Welt sind unterschiedlich, aber sie ähneln einander auch in vielen Dingen, weil sie alle durch Menschen entstanden sind, deren Gehirne einander ähneln. Sprachübergreifend lassen sich viele Universalien beobachten, die uns etwas darüber verraten, wie Menschen ticken. Aber auch dann, wenn etwas sprachspezifisch ist, wenn es ein bestimmtes Wort oder eine grammatische Struktur in anderen Sprachen nicht gibt, muss das noch lange nicht heißen, dass es die Denkvorgänge dahinter in den anderen Kulturkreisen nicht gibt. Die Menschen in diesen Kulturkreisen haben vielleicht schlicht keine sprachliche Methode entwickelt, diese Dinge sprachlich auszudrücken. Bei denen jedoch, die sie sprachlich ausdrücken, verrät uns die Sprache viel über das menschliche Denken.

Und so verrät auch das System der grammatischen Geschlechter etwas darüber, wie wir in den vergangenen Jahrhunderten über Gender gedacht haben, denn: Die grammatischen Geschlechter Maskulinum und Femininum, mit denen wir ›Männer‹ und ›Frauen‹ bezeichnen, sind in diesem System nicht gleichberechtigt. Es hat eine innere Hierarchie, in der das Maskulinum an oberster Stelle steht. Das zeigt sich unter anderem darin, wie wir andere schlechtmachen. Wir treten sprachlich in dieser Reihenfolge nach unten: Maskulinum – Femininum – Neutrum.[83] Menschen, die unserer Meinung nach ihr Gender nicht angemessen performen, ordnen wir zum Beispiel grammatisch dem ›falschen‹ Geschlecht zu. ›Männer‹ nennen wir dann *Tunte*, *Schwuchtel* oder *Lusche* – alles grammatisch feminine Wörter. Bei ›Frauen‹ drücken wir Ausbrüche aus traditionellen Genderrollen aber eher selten sprachlich aus, indem wir sie grammatisch zu Maskulina machen, wie zum Beispiel bei einem *Vamp*. Sie wurden und werden stattdessen oft zu Neutra: *das* Weib, *das* Merkel, *das* Frauenzimmer. *Das* Girl, *das* Pin-up, *das* Playmate, *das* Model und *das* Groupie sind Frauen, die aus ihrer schönen klassischen Rolle der Ehefrau und Mutter fallen – sie werden sprachlich objektifiziert. *Ein* Fräulein war lange Zeit

83 Köpcke, Klaus Michael & David Zubin: Metonymic Pathways to Neuter-Gender Human Nominals in German. In: Klaus-Uwe Panther & Linda Thornberg (Hgg.): Metonymy and Pragmatic Inferencing. Philadelphia: Benjamins Publishing 2003. S. 149–166.

eine noch nicht verheiratetete Person und durfte deshalb sprachlich noch keine ›richtige‹ Frau im Femininum sein. Es war ein Neutrum, das unterste der drei grammatischen Geschlechter.

Die grammatische Kategorie Maskulinum als der König der grammatischen Geschlechter kann aber noch mehr, als ›Männern‹ zu bescheinigen, dass sie ›richtige Männer‹ sind. Die Linguisten Klaus-Michael Köpcke und David Zubin haben herausgefunden, dass Wörter für Tiere meistens Maskulina sind, wenn es sich um Säugetiere handelt: *der* Schimpanse, *der* Orang-Utan, *der* Elefant, *der* Fuchs.[84] Wörter für Vögel und Reptilien sind manchmal Maskulina (*der* Spatz, *der* Frosch), aber auch oft Feminina (*die* Taube, *die* Schlange). Insekten sind den beiden Forschern zufolge fast immer grammatische Feminina (*die* Hummel, *die* Fliege) und Weichtiere auch (*die* Schnecke, *die* Assel). Köpcke und Zubin schließen daraus, dass wir Tiere umso wahrscheinlicher mit maskulinen Wörtern benennen, je ähnlicher sie uns Menschen sind. Sie schreiben, das Deutsche würde das Femininum dafür nutzen, »Distanz zum Menschen auszudrücken«.

Das Maskulinum ist Köpcke und Zubin zufolge im Sprachsystem das *Standard*-Geschlecht. Das spiegelt sich unter anderem auch darin wider, dass wir für Menschen, wenn wir ihr Gender nicht explizit nennen wollen, das generische Maskulinum und nicht etwa ein generisches Femininum verwenden. Die feminine Form ist außerdem in der Regel länger, an ihr hängt zum Beispiel oft ein *-in* – ein weiterer Nebeneffekt davon, dass das Maskulinum in unserem Sprachsystem der Standard ist.

Wenn man den Duden googelt, erhält man neuerdings eine Reihe grantiger Nutzer*innen-Rezensionen, die sich über ›Genderidiotie‹ und ›Gender-Blödkram‹ auslassen. Die Redaktion der Onlinevariante des Wörterbuchs hatte im Januar 2021 angekündigt, für jeden Eintrag mit einer maskulinen Personenbezeichnung auch einen Eintrag mit der femininen Bezeichnung zu erstellen. Seitdem gibt es also nicht nur jeweils einen Wörterbucheintrag für *Arzt*, *Bauarbeiter* und *Kaninchenzüchter*, sondern auch für *Ärztin*, *Bauarbeiterin* und *Kaninchenzüchterin*. In einer der Google-Rezensionen zum Online-Duden meckert ein Nutzer darüber, dass es jetzt auch einen eigenen Eintrag für das feminine Wort *Menschin* gibt:

---

84 Köpcke, Klaus-Michael & David Zubin: Prinzipien für die Genuszuweisung im Deutschen. In: Ewald Lang & Gisela Zifonun (Hgg.): Deutsch – Typologisch. Berlin/New York: De Gruyter 1996. S. 473–491.

> »Der Duden sollte die Entwicklung der Alltagssprache dokumentieren und nicht zum Werkzeug einer künstlich und politisch gewollten Veränderung werden. ›Menschin‹ und Co. werden sich hoffentlich nie durchsetzen, sondern Ausfluss einer ideologisierten, zum Großteil rein akademisch geführten Diskussion bleiben.«

Eine andere Rezension bringt dasselbe Beispiel: »Menschin, Menschinnen. Muss man dazu noch mehr sagen? Duden. Du hast ausgedient.« Wenn ich derartige ›Kritik‹ an gegenderter Sprache gelesen habe, habe ich mich oft darüber gewundert, dass manche Genderkritiker*innen die Nachsilben *-in* und *-*in* an Wörter hängen, an die Genderbefürworter*innen sie nie hängen würden: *Grün*innen*[85], *ErwachsInnen*[86], *Dudin*[87]. So wollen sie zeigen, wie absurd Gendern angeblich ist. Dabei habe ich noch nie einen gegenderten Text gesehen, in dem das Wort *Menschin* oder *Mensch*in* vorkommen würde. Das ergibt sprachlich überhaupt keinen Sinn, weil doch das Maskulinum *Mensch* überhaupt nichts mit Gender zu tun hat.

Im Online-Duden gibt es tatsächlich einen Eintrag für *die Menschin*, also eine ›weibliche‹ Version dieses Wortes. Allerdings enthält er unter der Rubrik »Gebrauch« den Vermerk: »selten, meist scherzhaft«. Der Duden arbeitet deskriptiv und entscheidet auf der Grundlage einer großen Sammlung von Zeitungsartikeln, Romanen, Reden und anderen Texten, welche Wörter er aufnimmt. Anscheinend wurde in diesen Texten das Wort *Menschin* oft genug verwendet, dass das einen eigenen Eintrag im Online-Duden rechtfertigte. Entscheidend ist der Vermerk »scherzhaft«. Der steht zum Beispiel auch bei dem Wort *Beißer*, wenn damit Zähne bezeichnet werden. *Menschin* ist in der Regel eine Verballhornung und keine ernstgemeinte Wortform. Womöglich haben die Genderkritiker*innen selbst mit ihren oft abstrusen Beispielen, die zeigen sollen, wie sehr die Sprache angeblich durch das Gendern verunstaltet wird, dazu beigetragen, dass es das Wort in den Online-Duden geschafft hat. Es ist also absurd, das Wort *Menschin* – oder auch *Mensch*in* – als Beispiel für besonders schlechte gegenderte Sprache zu nennen, weil niemand das Wort ernsthaft verwendet.

---

85 Gamböck, Birgit: Grün*innen führen Gender-Star ein. Br.de. 22.11.2015.
86 So gesehen auf Twitter in einem Tweet von @je_saar vom 14.10.2021.
87 Zum Beispiel hier: Urs Bühler: Der Duden heisst die Bösewichtin willkommen. Und das Sprachgefühl droht mit Frau und Maus unterzugehen. Nzz.ch. 17.02.2021.

Zumindest dachte ich das. Wenn man genauer hinsieht, wäre es gar nicht so dumm, *Mensch* zu gendern und durch *Menschin* oder *Mensch*in* zu ersetzen. Es gibt ein Wort, das ganz ähnliche Startbedingungen hat und es immer wieder mal in die Reihe der Wörter schafft, die in Texten gegendert werden: *man*. Es klingt zwar wie *Mann* und die beiden Wörter haben gemeinsame Wurzeln. Ein feminines Pendant gab es aber lange Zeit gar nicht. So wird eine Schauspielerin in einem Interview in der *Zeit* mit dem grammatisch absolut korrekten Satz »Man muss seine eigene Mutter werden« zitiert.[88] So wie das Wort *Mensch* kann das maskuline *man* alle Genderidentitäten bezeichnen. Gelegentlich wird allerdings vorgeschlagen, stattdessen die feminine Variante *frau* zu verwenden. Die ist auch im Online-Duden zu finden, mit folgendem Vermerk: »besonders im feministischen Sprachgebrauch, sonst scherzhaft für ›man‹«.

Der Vorschlag, dem Wort *man* ein feminines Pendant zur Seite zu stellen, ist nicht neu. Die Linguistin und Sprachkritikerin Luise Pusch berichtet in einem Artikel, das Pronomen *frau* sei ihr 1976 zum ersten Mal in einem Buch begegnet. Sie schreibt: »Immer mehr Frauen lehn(t)en es ab, sich selbst oder andere Frauen mit einem Maskulinum zu bezeichnen.«[89]

Wäre es womöglich angebracht, Wörter wie *Mensch* oder *man* zu gendern? Dass der prototypische Mensch in unseren Köpfen ein ›Mann‹ war und ist, hat an allen Ecken und Enden unseres Systems der grammatischen Geschlechter seine Spuren hinterlassen. Und genau das gibt Wörtern wie *Mensch, man, jemand, wer* und *niemand* – unabhängig davon, welche mentalen Konzepte diese Wörter in unseren Köpfen aktivieren – einen üblen Beigeschmack. Es ist zwar so, dass wir mit diesen Wörtern vermutlich nicht aktiv Gender ausdrücken wollen. Wir verwenden Wörter wie *Mensch* und *man* genauso wie generische Maskulina dann, wenn wir von Individuen abstrahieren und möglichst allgemein über sie sprechen. Dass sie grammatische Maskulina sind, sollte deshalb eigentlich, wenn man nur die Seite der Sprecher*innen und Schreibenden betrachtet, egal sein. Aber es trägt trotzdem zur allgemeinen Ordnung unseres Sprachsystems bei, in dem das Maskuline das Menschliche ist, das höher in der Hierarchie steht,

88 Milborn, Corinna: »Man muss seine eigene Mutter werden«. Interview mit Verena Altenberger auf Zeit Online. 26.01.2022.

89 Pusch, Luise: Frauen entpatrifizieren die Sprache – Feminisierungstendenzen im heutigen Deutsch. In: Marlis Hellinger (Hg.): Sprachwandel und feministische Sprachpolitik. Internationale Perspektiven. Opladen: Westdeutscher Verlag 1985. S. 23–47, hier S. 29.

und das Feminine das *andere*. Zwar gibt es Ausnahmen von dieser Regel wie *die* Person und *das* Mitglied. Das ändert allerdings nichts daran, dass der Großteil unserer Wörter in der Grammatik in einer Hierarchie organisiert ist, in der das Maskuline für uns Menschen die Norm ist. Wollen wir wirklich dabei bleiben, dass das grammatische Geschlecht, mit dem wir nun schon seit Ewigkeiten das ›männliche‹ Gender sprachlich ausdrücken, das Standard-Geschlecht ist? Sodass nicht nur in unseren Köpfen, sondern auch in unserer Sprache der Standard-Mensch fröhlich immer weiter ein ›Mann‹ ist?

Das Deutsche hat sich in einem patriarchalischen System entwickelt,
die männliche Bezeichnung galt als Norm.
Und alles, was diese Normalität aufhebt, gilt erst einmal als skandalös.

Gabriele Diewald (Linguistin)[90]

Im Verlauf der vergangenen Jahrhunderte hat sich noch eine weitere Struktur aus unserem Denken in unser Sprachsystem eingebrannt: Unsere Grammatik ist in Bezug auf Gender hoffnungslos binär strukturiert. Ich habe weiter vorne in diesem Buch geschrieben, dass Gender auch in unserer Sprache nicht mehr nur aus zwei Kategorien besteht, sondern dass es ein Spektrum geworden ist, in dem es viele Möglichkeiten gibt: Ein Mensch kann *queer* sein, *nicht-binär*, *trans* oder auch *agender*. So offen und vielfältig ist unsere Sprache aber bisher nur bei den *Wörtern*.

Unsere Grammatik hingegen teilt die Menschen nach wie vor in genau zwei Kategorien: in ›Frauen‹ und ›Männer‹. Für Menschen haben wir nämlich im Grunde genommen nur die beiden Kategorien Femininum und Maskulinum. Das dritte grammatische Geschlecht, das Neutrum, wird schließlich nur sehr selten verwendet, um über Menschen zu sprechen. In der Geschichte des Deutschen hat es sich auf die Dinge und das Nicht-Menschliche spezialisiert. Deshalb gendert heute so ziemlich niemand, indem er nicht-binäre Menschen einfach in die dritte grammatische Kategorie einordnet und zum Beispiel schreibt oder sagt: *das Mensch, das Kellner, das Zuhörer.* Das klingt komisch. Wir merken intuitiv: Wir geben Menschen

90 Rückerl, Petra: Professorin für deutsche Sprachwissenschaft zum Gendersternchen in Hannover. Interview auf Neuepresse.de. 05.02.2019.

mit dem Neutrum sprachlich kein Gender, sondern verdinglichen sie oder würdigen sie anderweitig herab. Bleiben also zwei grammatische Geschlechter für die Menschen, das Maskulinum und das Femininum. In unserem grammatischen System spiegelt sich wider, wie binär wir Genderrollen sehr lange Zeit gedacht haben und immer noch denken.

Weil die Grammatik in unseren Sätzen allgegenwärtig ist, kommen wir sehr oft gar nicht darum herum, Menschen in diese zwei Kategorien einzuteilen. Für Menschen, die nicht-binär sind, gibt es in unserer Grammatik keinen Platz. Wir können mit dem sprachlichen Material der Grammatik über diese Menschen überhaupt nicht sprechen.

Der französische Schauspieler und Regisseur Guillaume Gallienne hat über dieses Problem einen ganzen Film gemacht. Der Film heißt *Maman und Ich* und ist autobiografisch: Als Kind denkt Gallienne, er müsste wohl eher ein ›Mädchen‹ als ein ›Junge‹ sein, weil er am liebsten so wäre wie seine Mutter oder andere ›Frauen‹, die er bewundert. Heimlich ahmt er ihre Gesten und ihre Art zu sprechen nach und stellt sich vor, er könnte Kleider und hohe Schuhe tragen. Wenn seine Mutter ihn und seine Brüder zum Essen ruft, sagt sie: »Les Garçons et Guillaume, à table!«, was auf Deutsch so viel heißt wie: »Jungs und Guillaume, es gibt Essen!«. Guillaume wird von seinem Umfeld weder als ›Junge‹ noch als ›Mädchen‹ wahrgenommen, er entzieht sich der binären Logik – doch sprachlich weiß seine Mutter damit nicht umzugehen. Er bekommt von ihr sprachlich eine eigene Genderkategorie verpasst, er ist keiner von den *Jungs*, sondern *Guillaume*.

Später im Internat verliebt er sich in einen ›Mann‹ und vermutet, er müsse dann wohl schwul sein. Aber so richtig passen die Kategorien und Erklärungen, die er dafür findet, wer und wie er ist, auch in Bezug auf seine Sexualität nicht. Guillaume ist sich nicht sicher, ob er schwul ist, und völlig als ›Frau‹ fühlt er sich auch nicht. Jahre später, als Erwachsener, lernt er schließlich eine ›Frau‹ kennen, in die er sich verliebt und die er heiratet.

Der Schauspieler Gallienne bezeichnet sich im echten Leben als bisexuell, aber sein Alter Ego im Film versucht am Ende nicht mehr, in Bezug auf seine Sexualität oder seine Genderidentität die passenden Kategorien für sich zu finden. Die Geschichte handelt gerade davon, nicht in Genderkategorien und Schubladen für sexuelle Orientierungen zu passen – und von der Gesellschaft aber ständig in ebensolche gezwängt zu werden. In einer der letzten Szenen des Films ist Guillaume bei einer Freundin zum Abendessen eingeladen. Die Gastgeberin ruft ihre Gäste zu Tisch: »Les filles et Guillaume, à table!«, »Mädels und Guillaume, es gibt Essen!« Guillaume hat seine ganz eigene, individuelle sprachliche Kategorie behalten.

Die französische Grammatik teilt die Menschen genauso wie die deutsche sorgsam in ›Frauen‹ und ›Männer‹ ein. Das Französische spiegelt damit genauso wie das Deutsche wider, wie wenig unsere Gesellschaft lange mit Menschen anfangen konnte und immer noch kann, die nicht in eine der zwei Kategorien ›Frau‹ und ›Mann‹ passen. Wir scheinen Menschen ständig in eine dieser beiden Kategorien einzusortieren: Jemand hat lange Haare? Einen Rock? Schminkt sich? Das ist ›weiblich‹. Jemand hat einen dichten Bart, rasiert seine Beine nicht und sitzt breitbeinig? Diese Person ist sehr ›männlich‹. Ein derartiges Denken in festen Genderkäfigen wird zwar seit Langem hinterfragt und dekonstruiert. Doch unsere Sprache konserviert die Käfige. Während wir sprechen und schreiben, bleiben wir in unseren alten Denkstrukturen gefangen.

7. KAPITEL
Make it Make Sense

Frauen wissen beim traditionellen, generischen Maskulinum nie, ob sie eigentlich mitgemeint sind. Das erzeugt eine ständige, erhöhte Anforderung an die Aufmerksamkeit von Frauen.

Anatol Stefanowitsch[91]

In dem Roman *Fabian* von Erich Kästner geht es um einen arbeitslosen Germanisten, der durch das Berlin der 1920er-Jahre irrt. Er lernt eine junge Frau kennen. Sie stellt sich ihm vor:

> »›Ich bin Referendar‹, erklärte sie. ›Meine Dissertation betraf eine Frage zum internationalen Filmrecht, und eine große Berliner Filmgesellschaft will mich in ihrer Vertragsabteilung volontieren lassen. Hundertfünfzig Mark im Monat.‹
> ›Werden Sie doch Filmschauspielerin!‹
> ›Wenn es sein muss, auch das‹, sagte sie entschlossen. Und beide lachten.«[92]

Genderkritiker*innen nehmen solche Beispiele (nicht unbedingt aus den 1920er-Jahren, Maskulina wie dieses findet man auch heute zuhauf) gerne als Beweis dafür, dass das generische Maskulinum angeblich wunderbar funktioniert. Die Person, die hier von sich sagt, sie sei *Referendar*, ist eine ›Frau‹. Aber sie wählt für ihre Worte die grammatische Kategorie Maskulinum, weil sie überhaupt nicht explizit über ihr Gender sprechen will. Beim Lesen stört das eigentlich nicht wirklich. Vor allem aber denken wir als Leser*innen nicht, dass diese Person sich als ›Mann‹ identifiziert. Wir sind auch nicht verwirrt über ihr Gender. In dem Roman ist ganz eindeutig

91 Parbey, Celia: Frauen müssen nicht mitgedacht, sondern gleichwertig gedacht werden. Interview für das Onlinemagazin Edition F. 13.05.2019.

92 Kästner, Erich: Fabian. Die Geschichte eines Moralisten. Zürich: Atrium Verlag 2018 [1931], S. 111.

von einer ›Frau‹ die Rede, Cornelia Battenberg heißt sie. Wir schaffen es ohne Probleme, uns den *Referendar* als ›Frau‹ vorzustellen.

Wenn das Wort *Referendar* in dem Text oben funktioniert, wenn wir uns trotzdem eine Referendar*in* vorstellen, dann kann das generische Maskulinum auch ›Frauen‹ meinen, nicht wahr? Dann kann es doch gar nicht so schlimm sein, wenn uns unsere Sprache Menschen als Maskulina präsentiert und wenn unser Sprachsystem die binäre, hierarchische Genderordnung der vergangenen Jahrhunderte widerspiegelt.

Allerdings kann man davon, dass wir beim Lesen des Textes nicht denken, Cornelia Battenberg wäre ein ›Mann‹, nicht darauf schließen, dass das mentale Konzept, das das Wort *Referendar* in unserem Kopf aktiviert, das von einer ›weiblichen‹ Referendarin ist. Und selbst, wenn es das sein sollte, heißt das noch lange nicht, dass es das Wort *Referendar* allein ist, das dieses ›weibliche‹ mentale Konzept in uns aktiviert. Zum einen begreifen wir dieses Wort nämlich mit einem Kopf, der nicht unvoreingenommen auf Worte zugeht. Zum anderen steht es in diesem Text nicht alleine, sondern es ist umgeben von weiteren Wörtern, die uns dabei helfen, uns die Szenerie und die Personen vorzustellen. Ein Text ist ein großes Ganzes, in dem ein generisches Maskulinum nur ein kleiner Baustein ist. In dem Text oben steht: »Ich bin Referendar«, erklärte *sie*. Nicht: »Ich bin Referendar«, erklärte *er*. Selbst, wenn wir bei dem Wort *Referendar* noch eine vage Assoziation von einem ›männlichen‹ Referendar vor Augen gehabt haben sollten, würde dieser Referendar bei dem Wort *sie* in unserer Vorstellung ganz schnell zu einer Referendarin werden.

In der kognitiven Linguistik nimmt man an, dass wir auf ähnliche Weise ständig beim Lesen von Texten kleine ›Denkfehler‹ korrigieren. Und zwar anhand dessen, was der Text uns an Informationen liefert, und anhand unseres eigenen Wissens und unserer Erfahrungen.[93] Wir sind es gewohnt, wenn wir Bücher oder Zeitungstexte lesen oder Hörspiele und Radioreportagen hören, ständig gedanklich Dinge hinzuzufügen oder zu verändern, die für uns sonst keinen Sinn ergeben würden. Texte haben immer Lücken. Sie erzählen nie alles. Deshalb können Romane von einer ganzen Welt erzählen, ohne jedes Detail von dieser Welt in Worte fassen zu müssen. Unsere Fantasie ergänzt. Sprache muss nicht immer absolut genau sein, damit wir das Gesagte und Geschriebene verstehen. Sie ist zwangsläu-

93 Vgl. z.B. Schwarz-Friesel, Monika: Sprache und Emotion. 2., aktualisierte und erweiterte Auflage. Tübingen: Francke 2013, S. 33.

fig nicht genau.[94] Ein Text kann nie alle Informationen liefern, sondern wir fügen immer welche hinzu.

Als Leser*innen oder Zuhörer*innen sind wir nicht sklavisch an die Wörter gebunden, die man uns vorsetzt. Wir nutzen diese Wörter vielmehr als Anhaltspunkte und bauen mit ihrer Hilfe das mentale Bild auf, das uns logisch erscheint. Ein Wort wie *Referendar* hindert uns deshalb nicht daran, uns eine Romanfigur als ›Frau‹ vorzustellen. Wenn in dem Text ein Tippfehler gewesen und dort *Referndar* gestanden hätte, hätten wir es genauso hinbekommen. Wir hätten dann eben überlegt, welches Wort wohl gemeint sein könnte. Wir denken beim Lesen von Texten immer nach und biegen gedanklich gerade, was im Text nicht richtig hinhaut.

Wie schnell wir dabei sind, zeigt ein Experiment, das eine Gruppe von Kognitionswissenschaftler*innen 2008 mit Studierenden der Universität Bern als Proband*innen durchführte.[95] Die Forscher*innen setzten die Studierenden einzeln in einem ruhigen Raum, in dem sie von nichts abgelenkt wurden, vor einen Bildschirm, auf dem nacheinander Paare von jeweils zwei Sätzen erschienen. Die Proband*innen sollten sich möglichst direkt und ohne nachzudenken entscheiden, ob der zweite Satz eine mögliche Fortsetzung des ersten war. Ihre Antwort gaben sie, indem sie einen *Ja*-oder-*Nein*-Knopf auf einer Box vor ihnen betätigten, die auf die Millisekunde genau erfasste, wie schnell sie antworteten. Der erste Satz enthielt immer ein generisches Maskulinum. Im zweiten dagegen wurde manchmal ein Teil der mit dem generischen Maskulinum bezeichneten Personen als ›Männer‹ deklariert und manchmal als ›Frauen‹, sodass die beiden Sätze zum Beispiel so lauteten:[96]

> Die Sozialarbeiter liefen durch den Bahnhof.
> Wegen der schönen Wetterprognose trugen mehrere der Frauen keine Jacke.

---

94 In der Linguistik spricht man davon, dass Texte *referentiell unterspezifiziert* sind, das heißt: Sie benennen nicht alles, was wir uns vorstellen, um den Sinn des Textes zu verstehen.

95 Gygax, Pascal, Ute Gabriel, Oriane Sarrasin, Jane Oakhill & Alan Garnham: Generically intended, but specifically interpreted. When beauticians, musicians and mechanics are all men. In: Language and cognitive processes 23 (2008) 3. S. 464–485.

96 Die Forscher*innen hatten außerdem Sätze eingebaut, die nicht nach diesem Muster aufgebaut waren und die Proband*innen davon ablenken sollten, worum es in dem Experiment ging.

Die Wissenschaftler*innen wollten zum einen herausfinden, ob die Proband*innen öfter mit *Ja* antworteten, wenn im zweiten Satz von ›Männern‹ die Rede war. In der Tat taten sie das – das generische Maskulinum wurde von ihnen also möglicherweise oft gar nicht generisch, sondern ›männlich‹ interpretiert.[97] Die Forscher*innen wollten jedoch darüber hinaus auch wissen, ob es bei den *Ja*-Antworten Unterschiede darin gab, wie lange die Proband*innen für ihre Antwort brauchten. Wenn sie fanden, dass der zweite Satz eine mögliche Fortsetzung des ersten war, kamen sie dann genauso schnell zu diesem Schluss, wenn im zweiten Satz von ›Frauen‹ die Rede war, wie wenn es um ›Männer‹ ging? Sie brauchten im Schnitt 347 Millisekunden länger, also 0,347 Sekunden.[98] Es dauerte also länger, bis sie gemerkt hatten, dass das generische Maskulinum auch ›Frauen‹ meinen kann und dass der zweite Satz also eine mögliche Fortsetzung des ersten ist.

Die Forscher*innen schlossen daraus, dass die generischen Maskulina zuerst die Vorstellung von ›Männern‹ bei den Versuchsteilnehmer*innen aktiviert hatten. Erst, als sie den zweiten Satz lasen, in dem es um ›Frauen‹ ging, änderten sie – innerhalb von wenigen Millisekunden – diese Vorstellung und stellten sich auch ›Frauen‹ vor. Selbst dann, wenn wir bei einem generischen Maskulinum auch an ›Frauen‹ denken, tun wir das diesem Experiment zufolge nicht direkt, sondern zeitversetzt. Uns mag klar sein, dass *Sozialarbeiter* auch ›Frauen‹ sein können. Aber das erste Bild, dass ein Wort wie *Sozialarbeiter* in uns hervorruft, ist vermutlich trotzdem ein ›männliches‹. ›Frauen‹ sind die Alternative, die erst nicht mitgedacht wird. Sie sind die nachträgliche Korrektur, nicht der Normalfall.

Dass unser System der grammatischen Geschlechter binär und hierarchisch strukturiert ist und dass die Wortform, die verwendet wird, um alle Gender zu benennen, oft das Maskulinum ist, muss also nicht bedeuten, dass wir beim Lesen und Hören von Texten ständig in genau den Kategorien und

---

97 Die Formulierung *mehrere der Frauen* könnte zugegebenermaßen für Proband*innen irreführend sein: Sie könnten denken, im zweiten Satz ginge es um eine Gruppe, die nur aus ›Frauen‹ besteht – wodurch der zweite Satz wirklich keine korrekte Fortsetzung des ersten wäre, weil generische Maskulina immer Gruppen aus ›Frauen‹ und ›Männern‹ bezeichnen. Die Leiter*innen des Experiments hatten diese Möglichkeit jedoch vorher an einer anderen Versuchsgruppe getestet und bestätigt, dass die meisten Menschen das nicht denken.

98 Um die Lesezeiten besser vergleichen zu können, rechneten die Forscher*innen sie anhand der Zahl der Wörter auf einheitliche Satzlängen um.

Hierarchien denken, die die Sprache uns präsentiert. Wir können uns gedanklich davon lösen, wenn uns beispielsweise Anhaltspunkte im Text oder in der Gesprächssituation, unser Weltwissen und unsere Erfahrungen dazu veranlassen – oder auch unsere Vorurteile und Genderstereotype. Davon existieren in unseren Köpfen eine Menge und beeinflussen dort die mentalen Bilder, die wir anhand von Wörtern in unseren Köpfen malen.

Das hat in manchen Experimenten, die generische Maskulina auf ihre ›Funktionsfähigkeit‹ hin prüfen, zu kuriosen Ergebnissen geführt. In die Lückentexte, die Josef Klein 1988 seinen Proband*innen vorlegte, hatten diese zum Beispiel insgesamt in 70 Prozent der Lücken ›männliche‹ und in 20 Prozent ›weibliche‹ Namen eingetragen. Aber einer der Lückentexte fiel aus diesem Muster heraus:

> Immer mehr Kunden wechseln vom Tante-Emma-Laden zum Supermarkt, um ihre Einkäufe zu erledigen. (Anrede ______ /Vorname ______) Huber widersetzte sich diesem Trend und nahm Mehrausgaben in Kauf.

In diesen Text trugen die Versuchsteilnehmer*innen nur in 56 Prozent der Fälle ›männliche‹ und in immerhin 33 Prozent ›weibliche‹ Namen ein – der Text schnitt in Sachen Gendergerechtigkeit also viel ›besser‹ ab als die anderen Texte mit generischen Maskulina. Anscheinend vermuten Versuchsteilnehmer*innen eher ›Frauen‹ unter den *Kunden* in einem Tante-Emma-Laden als zum Beispiel unter den *Einwohnern* der Stadt Aachen.

Genderstereotype können einen starken Einfluss darauf haben, welche mentalen Konzepte Wörter in unseren Köpfen aktivieren. In Experimenten, in denen es um den Zusammenhang von Sprache und genderspezifischen mentalen Konzepten geht, werden Genderstereotype deshalb in der Regel gezielt mitgetestet: Meistens werden die Wörter, die man den Versuchsteilnehmer*innen vorlegt, in drei Gruppen eingeteilt: in stereotyp ›weibliche‹, stereotyp ›männliche‹ und in Bezug auf Genderstereotype neutrale Wörter. Wenn ich in diesem Buch bisher von solchen Experimenten berichtet habe, habe ich mich nur auf die Ergebnisse zu den Wörtern bezogen, die in den jeweiligen Experimenten in Bezug auf Genderstereotype neutral waren oder bei denen etwaige Genderstereotype keinen Einfluss auf das Versuchsergebnis hatten. Genderstereotype verfälschen nämlich oft die Effekte, die die Grammatik auf unser Denken hat: In einem Experiment der Psycholinguistinnen Lisa Irmen und Nadja Roßberg, in dem die

Lesezeiten gemessen wurden, brauchten die Proband*innen zum Beispiel genauso lang zum Lesen, wenn *Kindergärtner* im darauffolgenden Satz als ›Frauen‹ deklariert wurden, wie wenn sie im zweiten Satz ›Männer‹ waren.[99] *Kindergärtner* sind in unseren Köpfen anscheinend so ›weiblich‹, dass ein etwaiger ›männlicher‹ Effekt des Maskulinums auf unser Denken wieder ausgeglichen wird.

99 Irmen, Lisa & Nadja Roßberg: Gender Markedness of Language. The Impact of Grammatical and Nonlinguistic Information on the Mental Representation of Person Information. In: Journal of Language and Social Psychology 23 (2004) 3. S. 272–307.

8. KAPITEL
Warum Mädchen selten Astronaut werden wollen

»Ich weiß was«, sagte ein dicker Junge mit einer hohen Mädchenstimme,
»wir könnten spielen, daß die ganze Ruine ein großes Schiff ist,
und wir fahren in unbekannte Meere und erleben Abenteuer.
Ich bin der Kapitän, du bist der Erste Steuermann,
und du bist ein Naturforscher, ein Professor,
weil es nämlich eine Forschungsreise ist, versteht ihr?
Und die anderen sind Matrosen.«
»Und wir Mädchen, was sind wir?«
»Matrosinnen. Es ist ein Zukunftsschiff.«

Michael Ende – Momo[100]

Vor einigen Jahren las ich in einer feministischen Zeitschrift von einem Experiment, in dem Grundschulkinder gefragt wurden, ob sie sich vorstellen können, später einmal bestimmte Berufe wie Feuerwehrmann, Astronaut und Automechaniker zu ergreifen. Die Mädchen konnten sich eher vorstellen, diese Berufe zu ergreifen, wenn anstelle eines generischen Maskulinums in der Frage neben der maskulinen auch die feminine Berufsbezeichnung verwendet wurde, *Feuerwehrfrau, Astronautin* und *Automechanikerin*. Ich habe seitdem immer mal wieder von diesem Experiment erzählt, wenn mich jemand gefragt hat, warum ich gendere. Bei mir war hängen geblieben: Kleine Kinder denken, *Astronauten* wären nur ›Männer‹. Man muss deshalb von *Astronautinnen* sprechen, damit sie sich besser vorstellen können, dass auch ›Frauen‹ diesen Beruf ausüben. Das ist doch ein guter Grund zum Gendern. Das ›weibliche‹ Wort war wichtig für die Vorstellungskraft der Kinder! Dabei habe ich jahrelang übersehen, dass dieser Schluss nicht ganz richtig war.

---

100 Ende, Michael: Momo. 23. Auflage. Stuttgart: Thienemann Verlag [1973], S. 24.

Das Experiment, um das es geht, sagt eigentlich ganz andere Dinge darüber aus, wie Kinder Berufe wahrnehmen. Es wurde von dem Linguisten Dries Vervecken und der Psychologin Bettina Hannover 2015 im Rahmen ihrer Forschung an der Freien Universität Berlin durchgeführt.[101] Sie besuchten Grundschulkinder in ihren Schulklassen und ließen sie Fragebögen ausfüllen. Auf einer Skala von eins bis fünf sollten die Kinder ihre Einschätzungen in Bezug auf verschiedene Fragen zu mehreren stereotyp ›männlichen‹ und stereotyp ›weiblichen‹ Berufen geben.

Unter den Berufen, die die Autor*innen der Studie als stereotyp ›männlich‹ einordnen, sind bemerkenswerterweise einige Berufe, die eine sehr gute Bezahlung mit sich bringen und ein Studium voraussetzen können: Astronaut*in, Erfinder*in, Bürgermeister*in und Geschäftsfrau bzw. -mann. Ausbildungsberufe, die kein Studium voraussetzen, waren auch darunter, zum Beispiel Maurer*in und Automechaniker*in. Die von den Forscher*innen als stereotyp ›weiblich‹ eingeordneten Berufe scheinen hingegen tendenziell weniger gut bezahlt zu sein und keiner davon setzt ein Studium voraus: Blumenverkäufer*in, Babysitter*in, Zahnarzthelfer*in, Raumpfleger*in und Kosmetiker*in.

Die beiden Wissenschaftler*innen wollten nicht etwa herausfinden, ob die Mädchen bei maskulinen Berufsbezeichnungen wie *Maurer* und *Astronaut* eher an ›Männer‹ denken. Stattdessen hatten sie vor allem diese zwei Fragen: Beeinflusst gegenderte Sprache mit ›männlichen‹ und ›weiblichen‹ Wörtern, als *wie schwierig* die Kinder die Berufe einschätzen? Und: Beeinflusst die unterschiedliche Wortwahl, ob die Kinder glauben, sie selbst könnten als Erwachsene einen Aufnahmetest für diese Berufe bestehen? Es ging also darum, ob die Kinder glaubten, der *Zugang* zu einem bestimmten Beruf wäre besonders schwer – nicht, ob sie sich sich selbst grundsätzlich als *Automechaniker* oder *Bürgermeister* vorstellen konnten oder dachten, *Automechaniker* werden nur ›Männer‹.

Das Ergebnis: Wenn die stereotyp ›männlichen‹ Berufe den Kindern nicht im generischen Maskulinum, sondern als Doppelformen (*Automechaniker und Automechanikerinnen*) präsentiert wurden, maßen sie ihnen weniger Prestige bei und glaubten, sie wären weniger schwer. Sowohl Mädchen als auch Jungen hielten es deswegen für wahrscheinlicher, dass

101 Vervecken, Dries & Bettina Hannover: Yes I Can! Effects of Gender Fair Job Descriptions on Children's Perceptions of Job Status, Job Difficulty, and Vocational Self-Efficacy. In: Social Psychology 46 (2015) 2. S. 76–92.

sie später einmal, als Erwachsene, einen Aufnahmetest für diese Berufe bestehen würden.

Bei den stereotyp ›weiblichen‹ Berufen gab es keinen Unterschied zwischen generischen Maskulina und den Doppelformen: Mädchen und Jungen hielten diese Berufe immer für gleichermaßen leicht und glaubten immer, sie könnten einen Aufnahmetest für diese Berufe schaffen – egal, ob in der Frage von *Kosmetikern* oder von *Kosmetikern und Kosmetikerinnen* die Rede war.

Was hatten die Doppelformen also bewirkt? Den Autor*innen der Studie zufolge wurden die stereotyp ›männlichen‹ Berufe von den Kindern von vorneherein als schwieriger wahrgenommen als die stereotyp ›weiblichen‹ Berufe. Kinder, so die Autor*innen, würden bereits früh lernen, dass ›Frauen‹ meistens in weniger gut bezahlten und weniger prestigeträchtigen Berufen arbeiten als ›Männer‹. Dieses Stereotyp würden sie verinnerlichen und stereotyp ›männliche‹ Berufe dadurch als schwieriger einschätzen und denken, es wäre nicht so leicht möglich, diese Berufe zu ergreifen.

Man muss fairerweise dazusagen, dass viele der im Experiment als stereotyp ›männlich‹ eingeordneten Berufe tatsächlich schwerer zugänglich sind: Wenn man Astronaut*in oder Erfinder*in werden will, muss man besonders talentiert sein und eventuell studieren. Und trotzdem: Ein paar der ›männlichen‹ Berufe setzten kein Studium voraus und waren ähnlich schwer zugänglich wie die ›weiblichen‹ Berufe. Wenn jemand denkt, es wäre schwieriger, Maurer*in oder Automechaniker*in zu werden als Zahnarzthelfer*in oder Kosmetiker*in, dann hat er eine Menge Vorurteile gegenüber stereotyp ›weiblichen‹ Berufen.

Wurden den Kindern die Berufe im generischen Maskulinum präsentiert, wirkten die Stereotype ungebremst auf ihre Antworten. Das galt sowohl bei den Jungen als auch bei den Mädchen – wobei die Jungen ihre Chancen unabhängig von der sprachlichen Form höher einschätzten, was den Wissenschaftler*innen zufolge darauf zurückzuführen ist, dass Jungen ihre Leistungen ganz generell höher einschätzen als Mädchen. Rechnet man diesen Umstand heraus, fanden Jungen wie Mädchen die stereotyp ›männlichen‹ Berufe gleichermaßen schwer, wenn sie im generischen Maskulinum präsentiert wurden. Es war also nicht etwa so, dass sich die Jungen besser vorstellen konnten, später mal ein *Automechaniker* zu sein, als die Mädchen. Die Jungen *und* die Mädchen dachten, dass es schwer ist, *Automechaniker* zu werden.

Wurden die stereotyp ›männlichen‹ Berufe hingegen als gegenderte Doppelformen präsentiert, milderte das das Stereotyp ab: Sowohl die Jungen als auch die Mädchen schätzten sie als weniger schwer ein und rechneten sich höhere Chancen aus, später einmal einen Aufnahmetest für diese Berufe zu bestehen. *Automechaniker* zu werden ist schwer, *Automechaniker oder Automechanikerin* zu werden, ist leichter.

Es ist also nicht so, dass Doppelformen dazu führen, dass Kinder es für wahrscheinlicher halten, dass auch ›*Frauen*‹ diese Berufe ausüben können. Doppelformen führen dazu, dass Kinder es für wahrscheinlicher halten, dass *alle Menschen* diese Berufe ausüben können. Denn die Doppelformen lassen stereotyp ›männliche‹ Berufe weniger schwierig erscheinen. Statt zu gendern, hätten die Wissenschaftler*innen den Kindern genauso gut sagen können: »Um diesen Beruf auszuüben, muss man nicht viel können!« Das Experiment lässt vor allen Dingen Rückschlüsse auf die Genderstereotype in Kinderköpfen zu: Typische ›Frauenberufe‹ sind leicht, ›Männerberufe‹ schwer.

Darüber, welche mentalen Konzepte ein generisches Maskulinum wie *Kosmetiker* in Kinderköpfen aktiviert, sagen die Ergebnisse des Experiments herzlich wenig aus. Falls sie sich nur ›Männer‹ vorgestellt haben, hat das die Mädchen nicht davon abgehalten, zu glauben, sie könnten irgendwann einmal *Kosmetiker* werden.

Obwohl wir so gerne maskuline Wörter für Berufe verwenden, haben wir für die typischen ›Frauenberufe‹ doch feminine Wörter: *Putzfrau, Hebamme, Krankenschwester*. Wollen wir diese Wörter ›männlich‹ machen, müssen wir umformulieren: *Reinigungskraft, männliche Hebamme, Krankenpfleger*. Typisch ›Weibliches‹ ist in unserer Sprache als ›weiblich‹ gelabelt. Vielleicht ist das der Grund dafür, dass allein das feminine Wort bei den Kindern in dem Experiment die Assoziationen ›leicht‹ und ›schlechter angesehen‹ geweckt hat. ›Weibliche‹ Wörter schleppen zusammen mit der Bedeutung ›weiblich‹ alle möglichen Genderstereotype mit sich herum, die unsere Gesellschaft in Bezug auf ›Weiblichkeit‹ hat. ›Weibliches‹, so lässt das Experiment vermuten, ist schon in den Köpfen von kleinen Kindern etwas Schlechteres als ›Männliches‹. Sollte man dagegen nicht unbedingt etwas unternehmen?

9. KAPITEL
Wie viel Macht hat Sprache?

Das generische Maskulinum ist also eine höchst ungerechte Sache,
weil ihm das weibliche Pendant fehlt,
und deshalb ist es gut, wenn es abgeschafft wird.
Es ist ein patriarchaler Ballast, den wir abwerfen sollten.

Luise Pusch[102]

Wie schlimm ist es, dass unser Sprachsystem so ›männlich‹ und außerdem noch hierarchisch und binär strukturiert ist? Wenn wir uns doch in unserem Denken von ihnen lösen *können* – wie stark ist dann überhaupt der Einfluss der Wörter und der grammatischen Kategorien, die uns unsere Sprache vorgibt, auf unser Denken? Wie viel bleibt hängen von den Konzepten, die Wörter im ersten Moment in unseren Köpfen aktivieren? Der Linguist Heiko Motschenbacher bat einmal in einem Experiment Student*innen darum, 16 verschiedene Neutralformen auf einer Skala von eins bis sieben danach zu bewerten, wie ›weiblich‹ oder ›männlich‹ sie ihnen vorkamen.[103] Alle Wörter der Liste können genauso für ›Männer‹ wie für ›Frauen‹ verwendet werden. Trotzdem bewerteten die Studierenden fünf der Wörter als sehr ›männlich‹:

Sträfling, Geizhals, Dummkopf, Flüchtling, Vormund

Als sehr ›weiblich‹ hingegen bewerteten sie vier Wörter:

Fernsehstar, Nervensäge, Aushilfe, Bedienung

102 Pusch, Luise: Binnen-I oder Gendersternchen? Emma.de. 22.06.2021.
103 Motschenbacher, Heiko: Female-as-Norm (FAN). A typology of females and feminines. In: Markus Bieswanger, Heiko Motschenbacher & Susanne Mühleisen (Hgg.). Language in its socio-cultural context. Bern: Peter Lang 2010, S. 35–67.

Nur sieben der insgesamt 16 Wörter bewerteten die Studierenden als weder besonders ›männlich‹ noch als besonders ›weiblich‹ (*Hauptfigur, Koryphäe, Fachkraft, Gast*[104], *Person, Waise* und auch *Mensch*). Was hatte sie dazu bewegt, so viele der Neutralformen als ›männlich‹ oder ›weiblich‹ einzustufen? Die Studierenden hatten etwas Zeit zum Nachdenken. Eigentlich hätten sie doch merken müssen, dass Neutralformen genauso für ›Frauen‹ wie für ›Männer‹ verwendet werden können.

Der Grund waren zum einen sicherlich Genderstereotype. Es ist gut möglich, dass sich viele Menschen eine *Bedienung* im Restaurant eher ›weiblich‹ und einen *Sträfling* eher ›männlich‹ vorstellen. Doch möglicherweise hatte zusätzlich auch die Sprache die Versuchsteilnehmer*innen in ihrem Urteil beeinflusst. Fast alle Wörter, die sie in dem Experiment als sehr ›weiblich‹ bewerteten, waren grammatische Feminina, *die* Nervensäge, *die* Aushilfe, *die* Bedienung, mit einer einzigen Ausnahme, *der* Fernsehstar. Die Wörter wiederum, die sie als sehr ›männlich‹ einstuften, waren ausschließlich Maskulina: *der* Sträfling, *der* Geizhals, *der* Dummkopf, *der* Flüchtling, *der* Vormund. Könnte das ein Zufall sein? Oder waren die Studierenden nicht nur von den Genderstereotypen in ihren Köpfen, sondern auch von der Sprache selbst dabei beeinflusst worden, dass ihnen manche der Wörter ›männlich‹ oder ›weiblich‹ vorkamen?

Die Kognitionswissenschaftlerin Lera Boroditsky ist davon überzeugt, dass der Einfluss der Sprache auf unser Denken sehr groß ist. In einem TED-Talk, den man auf YouTube ansehen kann, bezeichnet sie Sprachen deshalb als *cognitive universes*. Jede Sprache würde eine eigene Sicht auf die Welt eröffnen. »People who speak different languages will pay attention to different things, depending on what their language usually requires them to do«, sagt sie in dem TED-Talk: Menschen, die unterschiedliche Sprachen sprechen, werden auf unterschiedliche Dinge achten, je nachdem, was ihre Sprache von ihnen verlangt.[105]

---

104 Zu dem Wort *Gast* gibt es die ›weibliche‹ Version *Gästin*, diese ist jedoch eher unüblich. Im Online-Duden enthält der Eintrag zu *Gästin* den Vermerk »selten«.

105 Boroditsky, Lera: How language shapes the way we think, TED-Talk. 02.05.2018.

sprache als soziale handlungsform schafft gleichzeitig auch soziale bezüge, konzepte, kategorisierungen, re_produziert normative vorstellungen von subjekt, welt, wirklichkeit [...]

Lann Hornscheidt[106]

In einem Experiment versuchte Boroditsky zu beweisen, dass wir selbst bei Dingen wie Brücken oder Schlüsseln denken, sie wären ›weiblich‹ oder ›männlich‹, wenn sie grammatische Feminina und Maskulina sind.[107] Dinge wie Brücken oder Schlüssel haben eigentlich gar kein Gender und dürften in unserer Vorstellung sehr unbelebt sein. Könnte unsere Sprache bewirken, dass wir diese Dinge trotzdem in Genderkategorien denken? Boroditsky und zwei Kolleg*innen legten deutsch- und spanischsprachigen Muttersprachler*innen eine Liste mit englischen Substantiven vor, die allesamt Gegenstände bezeichneten. Dann baten sie die Proband*innen, jeden der Gegenstände mit drei Adjektiven zu beschreiben. Sie sollten die ersten Adjektive nehmen, die ihnen in den Sinn kamen, und sie auf Englisch aufschreiben.

Was die Proband*innen nicht wussten: Die Substantive waren so ausgewählt worden, dass sie im Deutschen und im Spanischen jeweils ein anderes grammatisches Geschlecht haben. Das Wort *Schlüssel* ist zum Beispiel im Deutschen ein Maskulinum, *der* Schlüssel, aber im Spanischen ein Femininum, *la* llave. Boroditsky und ihre Kolleg*innen wollten herausfinden, ob die Versuchsteilnehmer*innen den Gegenständen unterschiedliche, stereotyp ›weibliche‹ oder ›männliche‹ Eigenschaften zuschrieben – je nachdem, ob das Wort für diesen Gegenstand in ihrer Sprache ein Femininum oder ein Maskulinum ist.

Und tatsächlich taten sie das: Wenn der Schlüssel in ihrer Muttersprache ein Maskulinum war, waren die Adjektive, die sie nannten: *hart, schwer, gezackt, metallisch, kantig* und *praktisch*. War das Wort für einen Schlüssel in ihrer Muttersprache hingegen ein Femininum, schrieben die Versuchsteilnehmer*innen folgende Adjektive auf: *golden, filigran, klein,*

---

106 Hornscheidt, Lann: feministische w_orte. ein lern-, denk- und handlungsbuch zu sprache und diskriminierung, gender studies und feministischer linguistik. Frankfurt am Main: Brandes & Apels 2012. S. 45.

107 Boroditsky, Lera, Lauren Schmidt & Webb Phillips: Sex, syntax, and semantics. In: Dedre Gentner & Susan Goldin-Meadow (Hgg.): Language in mind. Advances in the study of language and thought. Cambridge: MIT Press 2003. S. 61–79.

hübsch und *glänzend*. Eine *Brücke*, die im Deutschen ein Femininum ist, beschrieben die deutschen Muttersprachler*innen als *schön, elegant, zerbrechlich, hübsch* und *schlank*. Im Spanischen ist eine Brücke ein Maskulinum, *el puente*. Die Adjektive, die die spanischen Muttersprachler*innen zur Brücke aufschrieben, waren: *groß, gefährlich, lang, stark, stabil* und *hoch aufragend*.

Das Experiment wird oft zitiert. Es soll zeigen, welche Macht Sprache hat und wie stark die grammatischen Kategorien Maskulinum und Femininum unser Denken beeinflussen. Sogar unbelebte Gegenstände denken wir demnach wegen der Sprache in Genderkategorien. Dem Experiment nach zu schließen bleibt diese ›weibliche‹ oder ›männliche‹ Wahrnehmung sogar dann noch in unseren Köpfen haften, wenn wir nicht mehr direkt mit den femininen oder maskulinen Wörtern konfrontiert sind: Den Versuchsteilnehmer*innen wurden die Gegenstände ja gar nicht in ihrer Muttersprache mit den verschiedenen grammatischen Geschlechtern vorgegeben, sondern auf Englisch. Das müsste bedeuten, dass unsere Muttersprache einen immensen Einfluss auf unser Denken hat.

Knapp elf Jahre später versuchte eine Gruppe von Forscher*innen von der Freien Universität Berlin und der Radboud Universität Nijmegen, das Experiment von Boroditsky und ihren Kolleg*innen zu reproduzieren.[108] Dieses Mal wurden die Substantive den Proband*innen nicht auf Englisch präsentiert, sondern in ihrer jeweiligen Muttersprache: Die Hälfte bekam eine Liste mit deutschen Wörtern und die andere Hälfte eine Liste mit spanischen. Die Versuchsteilnehmer*innen waren also direkt mit den Maskulina und Feminina in ihrer Muttersprache konfrontiert. Auch diesmal hatten die Wörter jeweils ein unterschiedliches grammatisches Geschlecht in den beiden Sprachen.

Wie schon beim ersten Experiment fanden die Forscher*innen Unterschiede zwischen den Adjektiven, die die Proband*innen aufschrieben: War das Substantiv ein Maskulinum, nannten sie mehr stereotyp ›männliche‹ Adjektive. War es ein Femininum, mehr ›weibliche‹. Aber der zahlenmäßige Unterschied war verschwindend gering. Vor allem war er statistisch nicht signifikant. Die Forscher*innen konnten die Ergebnisse des Experiments von Boroditsky und ihren Kolleg*innen also nicht reproduzieren. Ihr Experiment ließ nicht den Schluss zu, dass Menschen an ›männliche‹

108 Mickan, Anne, Maren Schiefke & Anatol Stefanowitsch: Key is a llave is a Schlüssel. A failure to replicate an experiment from Boroditsky et al. 2003. In: Yearbook of the German Cognitive Linguistics Association 2 (2014) 1. S. 39–50.

oder ›weibliche‹ Eigenschaften denken, wenn Wörter für Dinge Maskulina oder Feminina sind. Im ersten Experiment muss irgendetwas anderes als die Sprache die Proband*innen in ihren Antworten beeinflusst haben, schlossen die Forscher*innen daraus.

Es ist wahnsinnig schwer, den Einfluss der Sprache und den Einfluss der Stereotype und Vorurteile, unseres Weltwissens, unserer Erfahrungen und der Prototypen in unseren Köpfen auf unsere mentalen Konzepte voneinander zu trennen. Denken wir, wenn wir ein Wort lesen oder hören, an einen ›Mann‹, weil unser Gehirn voller ›männlicher‹ Prototypen ist? Weil das Wort ein Genderstereotyp in uns ausgräbt? Weil in der Nähe des Wortes im Text Hinweise darauf zu finden sind, dass es hier um einen ›Mann‹ geht? Oder aber, weil dieses Wort gerade ein generisches Maskulinum ist? Unsere Sprache gibt Kategorien wie *Maskulinum* und *Femininum* und Hierarchien zwischen diesen Kategorien vor, doch wie sehr beeinflussen diese Kategorien und Hierarchien unser Denken in dem Moment und über den Moment hinaus, in dem wir ein Wort lesen?

Gelegentlich wird der Sprache sogar die Macht zugeschrieben, unser Denken so nachhaltig zu beeinflussen, dass unterschiedliche Sprachgemeinschaften die Welt unterschiedlich wahrnehmen. In der Linguistik wird dieser Standpunkt auch unter dem Sammelbegriff Sapir-Whorf-Hypothese zusammengefasst, benannt nach zwei Forschern, die am Anfang des 20. Jahrhunderts lebten. Der Gedanke ist verlockend: Wenn ich eine Fremdsprache lerne, lerne ich auch eine neue Sicht auf die Welt. Vielleicht kennen Sie das Gerücht, dass die Eskimos[109] besonders viele Wörter für Schnee haben? Wenn eine Sprache besonders viele Wörter für Schnee hat, dann müssten die Menschen, die diese Sprache sprechen, doch Schnee ganz anders wahrnehmen als zum Beispiel Deutsche oder Französ*innen, oder?

Doch bei genauerem Hinsehen kann dieser Gedanke auch problematisch sein. Wenn unsere Sprache die Grenzen für unser Denken vorgeben würde, dann wären wir in den Grenzen unserer Sprache gefangen. Dass die Eskimos deutlich mehr Wörter als wir für Schnee haben, stimmt üb-

---

109 Genau genommen geht es hier um die eskimo-aleutischen Sprachen, die in Nordostsibirien, Alaska, Nordkanada und Grönland gesprochen werden – nicht nur von den *Inuit*, sondern von mehreren Völkern, die unter dem Sammelbegriff *Eskimos* gefasst werden. Die Annahme, dass *Eskimo* ursprünglich ›Rohfleischesser‹ bedeutete – die zur Ablehnung des Wortes unter den Inuit geführt hat – gilt heute als widerlegt.

rigens gar nicht.[110] Beziehungsweise: In Eskimosprachen werden mehrere Wörter zu einem zusammengesetzt, sodass zum Beispiel *hoher Schnee* im Grönländischen ein Wort ist. Die Wörter für verschiedene Arten von Schnee sind also in diesen Sprachen teilweise anders, aber die Sprache ist in Sachen Schnee nicht detaillierter strukturiert. Im Deutschen können wir mithilfe mehrerer Wörter ebenfalls sehr genau beschreiben, wie der Schnee aussieht, der gerade in unserem Garten liegt, und wir haben außerdem ebenfalls einige zusammengesetzte Wörter für unterschiedliche Arten von Schnee wie *Neuschnee, Tiefschnee* und *Schneematsch*. Der Gedanke, dass unser Denken durch die Sprache beschränkt wird, die wir sprechen, kann sogar schlichtweg rassistisch werden: Denken die Sprecher*innen weniger komplexer Sprachen weniger komplex?

Unsere Sprache bestimmt unser Denken nicht vollends. Aber sie beeinflusst es. Sie schubst es in die eine oder andere Richtung, sie kann die Männerzentriertheit und die Stereotype in unseren Köpfen ausgleichen oder verstärken. Die Frage, wie stark sie das tut, wird in der Linguistik bis heute diskutiert und erforscht. Wenn es ums Gendern geht, wird sie auf einmal wieder besonders dringend. Eines ist nämlich unbestreitbar: Die deutsche Sprache ist sehr ›männlich‹. Denn Maskulina, mit denen wir oft das ›Männliche‹ bezeichnen, bekommen in ihr systematisch gegenüber Feminina den Vortritt, unter anderem dadurch, dass es das sogenannte generische Maskulinum gibt. Das könnte zur Folge haben, dass das ›Männliche‹ auch *durch die Sprache* in unserem Denken den Vortritt bekommt.

110 Pullum, Geoffrey: The great Eskimo vocabulary hoax, and other irreverent essays on the study of language. Chicago: Universiy Press 1991.

10. KAPITEL
Neonschilder für die Wörter

Geschlecht sollte man erwähnen, wenn es für den Sachverhalt relevant ist, ansonsten braucht man es nicht zu betonen. Im Gegenteil, das ständige Hervorheben der Beteiligung von Frauen, die einfach selbstverständlich sein sollte, nervt.

@MelodyBayerin auf Twitter[111]

In dem französischen Film *Je ne suis pas un homme facile* (der auf Deutsch den undankbaren Titel *Kein Mann für leichte Stunden* trägt) sind die Genderrollen vertauscht. ›Frauen‹ joggen oberkörperfrei durch die Straßen von Paris, gehen direkt wieder arbeiten, nachdem sie ein Kind geboren haben, und pfeifen ›Männern‹ hinterher. Brüste werden nicht sexualisiert, ›Männer‹-Beine dagegen schon. ›Männer‹ kümmern sich nach der Geburt ums Baby, rasieren und waxen sich am ganzen Körper und demonstrieren auf der Straße für mehr Gleichberechtigung. Der Film dreht die Rollen so konsequent bis ins letzte Detail um, dass er offenlegt, wo in unserer Gesellschaft heute immer noch keine Gleichberechtigung herrscht.

In dieser Geschichte sind es die ›Männer‹, die Sexismus erleben. Gleichberechtigt ist auch hier niemand. Aber in der Mitte des Films gibt es eine Szene, in der die beiden Protagonist*innen – ein ›Mann‹ und eine ›Frau‹ – in einem unterirdischen Nachtclub in Paris tanzen gehen. Es ist eine Art queerer Club in der Welt des Films: Viele ›Frauen‹ sind als ›Männer‹ gekleidet und umgekehrt. Aber da die Rollen in dem Film vertauscht sind, tragen diese ›Frauen‹ jetzt Kleider und hohe Schuhe und die ›Männer‹ Bart und Anzug. Nicht alle tun das, manche tragen auch die für die Welt des Films ›normale‹ Kleidung, also Anzüge, wenn sie ›Frauen‹, und Kleider, wenn sie ›Männer‹ sind. Die Genderrollen verschwimmen. Man verliert als Zuschauer*in die Orientierung, wer in der Welt des Films ›richtig‹

111 Tweet vom 27.10.2021.

gekleidet und geschminkt ist und wer sich außerhalb der zugewiesenen Genderrolle bewegt. Die Menschen tanzen, sie lachen und küssen einander.

Vielleicht kommt diese Szene dem relativ nahe, was eine genderlose Sprache im Idealfall bewirken könnte: Durch die doppelte Umkehrung der Genderrollen wird es den Zuschauer*innen schwer gemacht, die gezeigten Personen in klaren Genderkategorien wahrzunehmen. Die mentalen Konzepte für ›Frauen‹ und ›Männer‹ greifen nicht mehr. Kleidung verliert ihre Funktion, ein bestimmtes Gender zu markieren, und wird zu einem schlichten Schmuck für den Körper. Gendergrenzen werden durchlässiger. In der Szene wird freilich nicht gesprochen, denn das würde das Ganze schnell wieder kaputtmachen.

Denn unsere Sprache ist voller Gendergrenzen. Wie schön wäre es, diese Grenzen einzureißen. Ich hatte mir gegenderte Sprache lange als etwas erhofft, das keinen Unterschied zwischen den Genderidentitäten macht. Eine Sprache, die *frei* von Gender ist. Wörter würden Menschen dann nur noch nach anderen Kriterien unterteilen, zum Beispiel danach, welchen Beruf sie ausüben. Wir könnten den Ballast abwerfen, den uns die Sprache zusammen mit den Genderrollen aufdrückt.

Wenn wir Gender aus der Sprache so weit, wie irgend möglich, entfernen, dann beeinflusst unsere Sprache nicht mehr, wie wir uns Menschen, Tiere – und gelegentlich auch Dinge – vorstellen. Dann besteht nicht mehr die Gefahr, dass zum Beispiel ein generisches Maskulinum unsere Männerzentriertheit verstärkt, oder dass wir uns *den* Sträfling noch zusätzlich durch die Sprache und nicht nur durch unsere Vorstellung von einem typischen Sträfling mit Bart und kahlrasiertem Schädel als ›männlich‹ vorstellen.

Doch was passiert dann mit den ›männlichen‹ Prototypen in unseren Köpfen? Mit unserem männerzentrierten Weltbild? Den Genderstereotypen? Wenn die nicht wären, könnten wir uns vielleicht daran machen, die soziale Kategorie Gender Stück für Stück aus unserer Sprache herauszukratzen und abzutragen, was wir im Verlauf von Jahrhunderten an Genderkategorien und -hierarchien aus unserem Denken in sie hineingegeben haben. Wir könnten in Texten und Gesprächen Neutralformen und Neutralisierungen wie *Person, Angestellte* und *Studierende* verwenden, die Menschen nicht explizit einer der beiden Kategorien ›Frau‹ und ›Mann‹ zuordnen. Kein Gender mehr in der Sprache, von wenigen Ausnahmen abgesehen, die wir dafür beibehalten, dass wir gelegentlich, wenn wir es wollen, mal über Gender sprechen können! Wir könnten aufhören, einander unser Denken in Genderkategorien mit unserer Sprache ständig unter die Nase zu reiben.

Dann würden wir allerdings den ›männlichen‹ Prototypen, der Binarität, den Genderstereotypen, den Hierarchien und der generellen Männerzentriertheit in unserem Denken Tür und Tor öffnen. Nicht nur unser Sprachsystem ist das Problem, sondern auch, was wir denken, während wir Wörter und Sätze entschlüsseln und in unseren Köpfen mentale Konzepte aufrufen, nachjustieren und zu komplexeren Bildern zusammensetzen.

Natürlich werden Leser*innen und Zuhörer*innen schon irgendwie verstehen, was gemeint ist. Man kann Menschen sehr lückenhafte, schiefe Texte vorsetzen, und sie stellen daraus eine Bedeutung her. Sprache muss nicht jeden Aspekt präzise darstellen, denn sie wird von Menschen rezipiert, die mitdenken, überlegen, ob die Worte Sinn ergeben, und inhaltliche Lücken schließen. Aber wollen wir es den Leser*innen und Hörer*innen unserer Texte und unserer Worte in Gesprächen überlassen, ob und wie sie die Menschen, über die wir sprechen, in Genderkategorien denken? Ob sie die *Bedienung* als ›Frau‹ und einen *Sträfling* als ›Mann‹ denken? Wenn man das beim Schreiben und beim Sprechen verhindern will, dann muss man den Wörtern womöglich gelbe Neonschilder umhängen, die Leser*innen und Zuhörer*innen am Ärmel ziehen und rufen: »Denk verdammt noch mal auch an ›Frauen‹ und nicht-binäre Menschen!« Oder, wenn das Wort mit ›weiblichen‹ Stereotypen aufgeladen ist: »Denk hier doch jetzt, herrgottnochmal, auch an ›Männer‹!« Oder aber, wenn die Wörter wirklich genderneutrale Konzepte in unseren Köpfen aktivieren sollen: »Denk endlich einmal nicht in Genderkategorien!«

In vielen Experimenten, die überprüfen, an welche Genderkategorien Menschen beim Lesen von generischen Maskulina denken, werden zum Vergleich auch auffällig gegenderte Wörter mit Binnen-I (*AstronautInnen*) oder Schrägstrichschreibung (*Astronaut/innen*) oder Doppelformen (*Astronautinnen und Astronauten*) mitgetestet. Die meisten dieser Experimente stammen aus den 2000er-Jahren, als der Genderstern, der Gendergap, Doppelpunkte und ähnliche Gendervarianten noch neu oder gar nicht erfunden waren. Deshalb kommen diese Varianten darin in der Regel noch nicht vor. Die Wörter mit Binnen-I und mit Schrägstrichen und die Doppelformen führen in den Experimenten jedoch bereits sehr oft dazu, dass die Versuchsteilnehmer*innen schneller und öfter an ›Frauen‹ denken als zum Beispiel bei generischen Maskulina und oft auch als bei Neutralformen. Manchmal denken die Proband*innen bei diesen explizit gegenderten Wörtern sogar öfter an ›Frauen‹ als an ›Männer‹.

In dem Experiment der Linguistin Karin Kusterle zum Beispiel, das 2011 durchgeführt wurde und bei dem die Proband*innen sich Vornamen ausdenken sollten, waren die genannten Vornamen in 40 Prozent der Fälle ›weiblich‹ und in 60 Prozent der Fälle ›männlich‹, wenn die Frage eine Neutralisierung oder Neutralform wie *Studierende* oder *Jugendliche* enthielt. Wenn die Frage Beidnennungen (*Studentinnen und Studenten*) und Wörter mit Binnen-I (*StudentInnen*) enthielten, waren die von den Proband*innen genannten Vornamen zu 61 Prozent ›weiblich‹ und nur noch zu 39 Prozent ›männlich‹.

Zwei Linguistinnen der Universität Freiburg, Lisa Zacharski und Evelyn Ferstl, versuchten kürzlich in einem Experiment, herauszufinden, ob gegenderte Wörter mit Genderstern bei Leser*innen die Vorstellung von nicht-binären Personen hervorrufen können.[112] Normalerweise arbeiten Experimente zum Thema Gender und Sprache ja mit der Sprache selbst, die Menschen in der Regel in die Kategorien ›Frau‹ und ›Mann‹ einteilt. In einem Experiment, das nur mit Sprache arbeitet, kann man also nur schwer herausfinden, ob Menschen auch an nicht-binäre Personen denken. Statt nur Sätze zeigten Zacharski und Ferstl den Versuchsteilnehmer*innen deshalb auf einem Computerbildschirm jeweils zuerst ein Wort und dann ein Foto.

Die Wörter waren drei verschiedene Varianten von Personenbezeichnungen: Maskulina (*Chef*), Feminina (*Chefin*) und gegenderte Wörter mit Genderstern (*Chef*in*). Manche der auf den Fotos gezeigten Personen waren eindeutig ›Männer‹, andere waren eindeutig ›Frauen‹ und wieder andere ließen sich nicht so leicht einer der beiden Genderkategorien zuordnen. Wenn ihnen das Foto gezeigt wurde, sollten die Proband*innen möglichst schnell entscheiden, ob es zu dem vorher gezeigten Wort passte oder nicht, indem sie eine Taste für ›Ja‹ oder für ›Nein‹ drückten.

Das Ergebnis: Wenn das gezeigte Wort ein Wort mit Genderstern wie zum Beispiel *Chef*in* war, drückten die Proband*innen ungefähr gleich oft

---

112 Zacharski, Lisa & Evelyn Ferstl: Ein Star unter gendersensiblen Formen? Der Einfluss des nichtbinären Asterisks auf gegenderte Repräsentationen von Personenreferent*innen. Vortrag auf der Auftakttagung des DFG-Projekts »Genderbezogene Praktiken bei Personenreferenzen« am 18.02.2022.

›Ja‹, wenn danach ein Foto von einer ›Frau‹ oder einem ›Mann‹ gezeigt wurde (ein bisschen öfter allerdings bei Bildern von ›Frauen‹). Wenn danach das Foto von einer nicht eindeutig als ›Frau‹ oder ›Mann‹ erkennbaren Person gezeigt wurde, drückten sie seltener ›Ja‹ – aber immer noch ein kleines bisschen öfter, als wenn ihnen vorher ein feminines oder maskulines Wort gezeigt worden war. Und vor allem waren sie dabei schneller. Die Bilder von den nicht-binären Personen wurden also zwar immer noch nicht gut, aber immerhin öfter und schneller akzeptiert, wenn vorher ein Wort mit Genderstern gezeigt worden war.

Die Ergebnisse deuten darauf hin, dass gegenderte Wörter mit Genderstern ›funktionieren‹ könnten. Sie könnten bewirken, dass wir öfter und schneller an alle Optionen denken, an ›Frauen‹, ›Männer‹ und nicht-binäre Personen. Ob wir jedoch beim Lesen eines Worts mit Genderstern *direkt* an alle Genderkategorien denken? Das Bild von einer nicht-binären Person akzeptierten die Proband*innen in dem Experiment im Schnitt nach 0,9 Sekunden. Sie hatten also eine Weile nachgedacht. Bis sie das Bild von einer ›Frau‹ akzeptierten, brauchten sie dagegen nur circa 0,78 Sekunden und für das Bild von einem ›Mann‹ 0,85 Sekunden. Sie kamen nicht etwa gleich schnell darauf, dass ein Wort mit Genderstern wie *Chef*in* genauso gut einen ›Mann‹ wie eine ›Frau‹ oder eine nicht-binäre Person bezeichnen könnte. Eine ›Frau‹ war für sie etwas ›mehr‹ *Chef*in* als ein ›Mann‹ oder eine nicht-binäre Person. Der Unterschied ist minimal, aber er ist zumindest diesem Experiment zufolge vorhanden.

Es ist aktuell sehr schwierig, zu sagen, welche mentalen Konzepte gegenderte Wörter mit Genderstern, Gendergap, Binnen-I oder einem ähnlichen auffälligen Zeichen im Geschriebenen oder Wörter mit dem ›Knacklaut‹ im Gesprochenen in den Köpfen von Leser*innen und Zuhörer*innen aktivieren. Zum einen deshalb, weil es generell sehr schwierig ist, an die mentalen Konzepte in unseren Köpfen heranzukommen. Zum anderen, weil die Wörter noch relativ neu sind und nur von manchen Teilen der Sprachgemeinschaft überhaupt verwendet werden. Die Proband*innen in dem Wort-Foto-Experiment von Zacharski und Ferstl waren zum Beispiel allesamt Studierende der Universität Freiburg. Welche Vorstellungen würden Wörter mit Genderstern bei einer 50-Jährigen auslösen? Oder bei einem kleinen Kind, das mit diesen neuen Wörtern aufwächst? Oder aber bei jemandem, der gerade erst Deutsch als Fremdsprache lernt?

Ich habe am Anfang dieses Buchs die Frage gestellt, welche Vorstellungen gegenderte Wörter mit Genderstern und ähnlichen Zeichen in den Köpfen von Leser*innen hervorrufen könnten. Die Optionen waren, jeweils für die Einzahl und die Mehrzahl:

*Bauarbeiter*in:*
Option A: Person, die auf einem Bau arbeitet
Option B: Person jeden Genders, die auf einem Bau arbeitet
Option C: nicht-binäre Person, die auf einem Bau arbeitet

*Bauarbeiter*innen:*
Option A: Personen, die auf einem Bau arbeiten
Option B: Personen jeden Genders, die auf einem Bau arbeiten

Viele Experimente deuten darauf hin, dass wir uns auch bei gegenderten Wörtern nicht alle Genderkategorien gleichzeitig vorstellen und auch keine genderlosen Personen. Generische Maskulina führen mitunter dazu, dass wir uns mehr ›Männer‹ vorstellen. Gegenderte Wörter hingegen führen mitunter dazu, dass wir uns mehr ›Frauen‹ vorstellen. So ganz scheinen wir das nicht hinzubekommen mit den gendergerechten oder genderneutralen Vorstellungen von Menschen.

Vielleicht ist das aber gar nicht so schlimm. Denn die Prototypen in unseren Köpfen, unser Weltwissen, unsere Vorurteile und Stereotype mischen bei jedem Wort, das wir lesen, mit – nicht nur bei den Wörtern für Menschen. Es ist vollkommen normal, dass unser selektives und hierarchisches Denken beeinflusst, wie wir Wörter verstehen. Eine Europäerin, die das Wort *Vogel* liest, stellt sich ein schematisches Rotkehlchen vor und keinen Pinguin. Das ist dem Pinguin gegenüber ungerecht, aber es ist normal, dass in unseren Vorstellungen nicht jeder und jede Platz hat. Sie sind nicht objektiv, sondern bildhaft und an das gebunden, was wir selbst in unserem Leben in unseren Körpern und in einer physischen Welt erlebt haben. Sie sind nicht fair und ausgewogen, sondern selektiv. So gesehen ist es auch nichts Ungewöhnliches, wenn wir uns bei einem Wort zuerst ›Frauen‹ oder ›Männer‹ vorstellen, obwohl mit dem Wort doch eigentlich alle Genderkategorien gemeint sein sollen. Vielleicht kriegen wir die Waagschalen überhaupt nicht ausbalanciert, weil unser Denken so nicht funktioniert.

Das heißt jedoch nicht, dass wir nicht versuchen sollten, die Waagschale einigermaßen ausbalanciert zu bekommen. Wir sollten das mit dem Gendern nicht gleich bleiben lassen, weil Menschen nun einmal unfair sind. Schließlich können wir mit Sprache das Denken in die eine oder andere Richtung schubsen und so auch versuchen, die Männerzentriertheit und die Stereotype in unseren Köpfen mit gegenderter Sprache auszugleichen.

Damit das klappt, brauchen wir neue Wörter. Wörter, die weder ›männlich‹ noch ›weiblich‹ sind. Und diese Wörter müssen ordentlich auffällig sein und damit unsere Lesegewohnheiten und unseren Denktrott unterbrechen. Es genügt nicht, wenn sie lediglich nichts über das Gender der Personen verraten, wie es Neutralformen und Neutralisierungen wie *Fachkraft, Person* und *Studierende* tun. Diese Wörter stechen nicht heraus, sie bringen uns beim Lesen nicht zum Stolpern. Die neuen Wörter brauchen Neonschilder, die uns daran erinnern, alle Genderkategorien mitzudenken oder aber die bezeichneten Menschen gar nicht in Genderkategorien zu denken.

Wir können Option A und Option B also als *Wunschbedeutungen* bezeichnen (Option C funktioniert nur in der Einzahl, aber nicht-binäre Personen wären bei Option A und B eingeschlossen): Die *angepeilte* Bedeutung von gegenderten Wörtern ist gegenderneutral (Option A) oder gendergerecht (Option B).

Ob die mentalen Konzepte, die gegenderte Wörter bei Leser*innen und Zuhörer*innen aktivieren, jemals in die Nähe einer der beiden Optionen kommen werden, können wir zum jetzigen Zeitpunkt noch nicht wissen. Was wir allerdings wissen können: Wenn die Gendersterne, Gendergaps oder ähnliche Zeichen in den Wörtern ordentlich auffällig sind, stehen die Chancen gut, dass die Menschen ihre mentalen Konzepte zumindest korrigieren werden. Sie sind Hinweise in den Wörtern, die uns daran erinnern, in unseren Vorstellungen nicht so unfair zu sein.

11. KAPITEL
Sprache, die sich im Kreis bewegt

If a given linguistic system functions today, why can it not function in the same way tomorrow?[113]

Christian Lehmann (Linguist)[114]

Während meines Germanistikstudiums mache ich 2012 ein Praktikum in einem Verlag. Mit den Verlagsmitarbeiter*innen sitze ich in einem kleinen Raum, es wird geraucht, an den Wänden stapeln sich in Pappkartons die Bücher, die Computertastaturen klackern laut. Der Verlag gendert schon seit seiner Gründung 1989. Ein Kollege lektoriert gerade ein Buch über Nazideutschland, als er sich in seinem Stuhl zurücklehnt und in den Raum fragt: »Soll ich *KZ-Aufseher* gendern? Gab es weibliche KZ-Aufseherinnen?«

Gendern zwingt uns dazu, Kategorien und Denkmuster zu hinterfragen. Auch Verbrecher*innen, Mörder*innen und Vergewaltiger*innen können ›Frauen‹ oder nicht-binär sein. Genderstereotype ändern sich nur schwerfällig, sie haften wie eine klebrige Masse an unseren Gedanken und unseren Wörtern. Gendern kann diese Stereotype zu durchbrechen helfen und deutlich machen: Zu dieser Gruppe gehören auch Frauen! Oder: Hier meine ich auch nicht-binäre Menschen! Vergesst das nicht!

Der Wirtschaftswissenschaftler und Vorsitzende des *Vereins Deutsche Sprache* Walter Krämer beschwerte sich 2020 auf *Cicero.de* über eine »durch die Gendersprache dem Deutschen aufgezwungene Sexualisierung« und über den »bislang nicht vorhandene[n] Zwang, bei Personen immer auch das Geschlecht zu denken«.[115] Gegenderte Sprache macht uns

113 In etwa: Wenn ein Sprachsystem heute funktioniert, warum kann es nicht morgen genauso funktionieren?

114 Lehmann, Christian: Grammaticalization. Synchronic Variation and Diachronic Change. In: Lingua e stile 20 (1985) 3. S. 303–318, hier S. 314.

115 Krämer, Walter: Weg mit dem Gender-Unfug! Gastbeitrag auf Cicero.de. 21.09.2020.

Gender bewusst, sie erinnert uns daran, keine Genderidentität zu vergessen. Die soziale Kategorie Gender springt uns durch das Gendern aus jedem Wort entgegen, das einen Menschen beschreibt. Doch vielleicht müssen wir es so deutlich machen. Vielleicht müssen wir Gender so lange betonen, bis ein Gleichgewicht zwischen den Genderkategorien normal geworden ist.

Ein sehr typischer Motor für Sprachwandel ist, dass wir etwas deutlicher sagen wollen, als es bisher möglich war. Dass wir einer Sache sprachlich mehr Gewicht geben wollen, wenn wir über sie sprechen. Um dem, was wir sagen möchten, mehr Nachdruck zu verleihen, strengen wir uns an, bewegen die Wörter in eine neue Position und verändern unser Sprachsystem.

Deshalb ändert sich zum Beispiel im Laufe der Jahrhunderte immer wieder, wie in einer Sprache etwas verneint wird. Es ist wichtig, dass es klar und deutlich bei anderen ankommt, wenn man etwas verneint. Wörter können sich aber im Laufe der Zeit abnutzen. Wenn wir sie häufig aussprechen, können sie an Substanz verlieren und kleiner werden. Wenn sie sehr klein geworden sind, verschmelzen sie manchmal sogar mit benachbarten Wörtern (wie es zum Beispiel mit *es* in *gibt es* passiert, das im Gesprochenen und in der Umgangssprache zu *gibt's* werden kann). Dann besteht die Gefahr, dass unsere Zuhörer*innen oder Leser*innen das Wort und seine Bedeutung übersehen.

Am Ende des Althochdeutschen, also vor etwas über 1.000 Jahren, war das Wort, mit dem man etwas verneinen konnte, zu einem winzigen *ne* geworden. Manchmal verschmolz das *ne* mit dem darauffolgenden Wort, zum Beispiel zu *nefindest* (›du findest nicht‹). Man konnte damit nicht mehr so richtig betonen, dass man etwas *nicht* findet, denn das Wort *ne* wurde fast verschluckt von den Worten drumherum und fiel kaum mehr auf. Also entwickelten die Menschen im Laufe der Zeit ein neues Wort, um Dinge mit mehr Nachdruck zu verneinen: Aus einer Kombination der Wörter *ne* und *wiht* (›Ding‹) machten sie das neue Wort *niowiht. Nicht ein Ding finde ich!* (Das ist ein bisschen so, als würden wir heute mit Nachdruck verkünden: *Nein, das finde ich gar nicht!*)

Das neue Wort *niowiht* wurde in Kombination mit dem alten *ne* verwendet, um es zu verstärken, *ne … niowiht*. Eine Mehrfachverneinung, wenn man so will. Ein starkes, deutliches *Nein* also. Weil aber Wörter im Laufe der Zeit an Substanz verlieren und kleiner werden können, wurde *ne … niowiht* bis zum Frühneuhochdeutschen allmählich zu *ne … niht*. Das *ne* wurde immer öfter weggelassen (Menschen sind faul) und man sagte irgendwann nur noch *niht*. Aus dem *niht* wurde im Frühneuhochdeutschen schließlich *nicht*, das Wort, das wir heute immer noch haben. Die Verneinung ist wieder kleiner und unauffälliger geworden, so, wie sie es im Althochdeutschen vor knapp 1.000 Jahren schon einmal war.[116]

Den Kreislauf, den unsere Verneinungswörter da durchlaufen haben, nennt man in der Linguistik Jespersen-Zyklus – nach dem dänischen Linguisten Otto Jespersen, der das Phänomen 1917 in einem Buch beschrieb.[117] Es handelt sich um kein rein deutsches Phänomen, sondern in vielen Sprachen durchlaufen die Verneinungswörter genau denselben Kreislauf, in dem sie kleiner werden, fast verschwinden, dann durch zusätzliches sprachliches Material verstärkt werden – und wieder kleiner werden. Das Französische befindet sich zum Beispiel gerade in einer anderen Phase des Jespersen-Zyklusses als das Deutsche: *Ne* ist dort zu *ne … pas* geworden. Im Geschriebenen muss man beide Wörter verwenden, wenn man etwas verneinen will (Je *ne* crois *pas*). Im Mündlichen hingegen, das meistens in Sachen Sprachwandel etwas weiter ist als das konservativere Geschriebene, kann man das *ne* bereits weglassen: *Je crois pas*.[118]

Dass alle Sprachen dieser Welt – es sei denn, sie sind tote Sprachen wie das Lateinische – sich immer weiter verändern, liegt unter anderem an dem Bedürfnis der Menschen, Dinge sprachlich zu betonen, damit sie auch wirklich beim Gegenüber ankommen. Aber was zuerst noch neu und auffällig ist, wird im Laufe der Zeit normal und sticht nicht mehr heraus. Sprachliches Material, Wörter genauso wie grammatische Strukturen, nutzt sich ab. Es ist möglich, dass wir uns an Wörter mit Genderstern, Gendergap, Binnen-I und ähnliche, heute noch auffällige Schreibvarianten im Laufe der Zeit so sehr gewöhnen, dass sie uns nicht mehr auffallen. Irgendwann werden wir vielleicht auch nicht mehr aufmerken, wenn jemand beim Sprechen mit dem ›Knacklaut‹ gendert. So wie es uns heute schon nicht auffällt, dass wir genau diesen ›Knacklaut‹ ständig sprechen, zum Beispiel am Anfang von Wörtern wie *in*, *aus*, *Apfel* und *umrühren*. Wir werden die

116 Szczepaniak, Renata: Grammatikalisierung im Deutschen. Eine Einführung. 2. und erweiterte Auflage. Tübingen: Narr 2011. S. 43–49.

117 Jespersen, Otto: Negation in English and other languages. Kopenhagen: Høst 1917.

118 Vgl. Eckardt, Regine: Eine Runde im Jespersen-Zyklus. Negation, emphatische Negation und negativ-polare Elemente im Altfranzösischen. Internetpublikation in KOPS 2003.

Gendersterne und die Gendergaps in Texten vielleicht kaum noch wahrnehmen, so wie wir heute über einen Bindestrich oder ein Komma drüberlesen und die Informationen, die uns dieser Bindestrich oder dieses Komma über den Satzbau gibt, unbewusst registrieren.

Eine Frage, die wir heute noch nicht beantworten können, ist: Werden es diese gegenderten Wörter dann immer noch schaffen, gegen die Prototypen in unseren Köpfen anzukommen, oder wird unser stereotypes Denken dann wieder die Oberhand gewinnen, so, wie das jetzt schon bei Neutralformen häufig der Fall zu sein scheint? Vielleicht muss man die Menschen mit der Sprache darauf stoßen, es ihnen deutlich vor Augen führen: *Nein, wir meinen nicht nur die ›Männer‹.*

12. KAPITEL
Wie man weniger sexistische Wörter baut

Jedes Mal
*Wenn du *innen sagst*
Fühlt sich
Irgendwo
Irgendwer
Etwas weniger außen

Max Richard Leßmann (Autor)[119]

Linguist*innen versuchen, die Strukturen und Mechanismen von Sprache zu verstehen. Sie wollen herausfinden, welche Zahnräder sich im Sprachsystem wo drehen, wie die einzelnen Elemente beschaffen sind und wie sie funktionieren. Es gibt Menschen, die genau diese Dinge wissen, seit sie kleine Kinder sind: Wir alle. Nur sind sie uns größtenteils nicht bewusst. Unbewusst wissen wir alle genau, wie die einzelnen Elemente unseres Sprachsystems funktionieren. Wann wir welches Wort benutzen können. Welche Reihenfolge und welche Endungen die Wörter in einem Satz bekommen sollten. Schwieriger wird es erst, wenn wir versuchen, zu erklären, warum wir etwas so und nicht anders gesagt haben.

Die Linguistik versucht also, etwas zu verstehen, das wir alle bereits tief in unserem Innern wissen – aber in der Regel nicht verbalisieren können. Sie versucht, in unsere Köpfe zu schauen. So wie eine Biologin die Anatomie einer Kaulquappe studieren und verstehen würde, warum ihr Schwanz sich hin- und herbewegt, fragen sich Sprachwissenschaftler*innen, wie die Anatomie unserer Sprache aussieht und welche Gründe dahinter stecken, wenn jemand etwas auf eine bestimmte Art und Weise sagt oder schreibt.

So, wie die Kaulquappe aber nicht wissen muss, wie und warum sie sich fortbewegt, und trotzdem schwimmen kann, müssen wir auch nicht wissen, wie unser Sprachsystem aufgebaut ist und funktioniert, und können trotz-

119 Instagram-Post auf dem Profil @maxrichardlessmann vom 18.01.2021.

dem unfallfrei sprechen. Warum wird also beim Gendern so oft unterstellt, dass wir ausgerechnet da alles falsch machen? Warum sollten wir auf einmal nicht mehr wissen, was gut funktioniert und in unser Sprachsystem passt?

Das Problem liegt darin, wie das Gendern erfunden wurde. Die verschiedenen Arten, sich genderneutraler oder gendergerechter auszudrücken, haben sich Menschen sehr bewusst ausgedacht. Wenn sprachlich etwas Neues entsteht – eine neue grammatische Konstruktion, ein neues Wort, eine neue Metapher – dann denken die Menschen normalerweise nicht großartig darüber nach. Sie planen es nicht. Sie stehen nicht morgens auf und sagen: »So, heute werde ich mich mal ganz innovativ ausdrücken!« und erfinden dann das *am*-Progressiv. Die Menschen haben irgendwann einfach, ohne es zu bemerken, angefangen, das *am*-Progressiv zu verwenden: »Ich bin grade am Rührei-Machen, willst du auch eins?«

Ganz bewusst hingegen haben sich Menschen wie Luise Pusch und Steffen Kitty Herrmann, die Pionier*innen und Erfinder*innen des Genderns, an ihre Schreibtische gesetzt und überlegt, wie wir Substantive modifizieren könnten, damit wir beim Lesen und Zuhören nicht mehr so viel an cis Männer und generell nicht mehr ständig in binären Genderkategorien denken. Wie Architekt*innen haben sie neue Wörter geplant, konstruiert und dann in ihren Publikationen vorgeschlagen, dass andere diese neuen Wörter verwenden. Heute gibt es Leitfäden, an die sich Menschen halten, wenn sie gendern. Wie in den Medien gegendert wird, hat eine Vorbildfunktion dafür, wie wir im Privaten sprechen und schreiben. Alle hören auf Steffen Kitty Herrmann und Luise Pusch, niemand hört auf sein Sprachgefühl. Oder, um im Bild zu bleiben: Man unterstellt der Kaulquappe, dass sie zu sehr darüber nachgedacht hat, wie sie am besten schwimmen sollte, sodass sie es jetzt nicht mehr richtig macht.

Dabei sehen gegenderte Wörter mit Genderstern, Gendergap, Binnen-I und anderen neuen Zeichen den Wörtern, die wir im Deutschen bereits haben, gar nicht so unähnlich. Auf den ersten Blick sieht es zwar so aus, als ob sie nicht nach den Regeln des Sprachsystems gebaut sind – und also nicht in dieses Sprachsystem passen. Es ist aber durchaus möglich, gegenderte Wörter mit Genderstern, Gendergap, Binnen-I oder ähnlichen Zeichen nach den Regeln des Sprachsystems zu konstruieren.

Wörter sind wie Bauklötze, aus denen man Sätze zusammensetzt, aber sie sind nicht massiv. Sie haben Scharniere und Aussparungen, in die Verbindungselemente hineinpassen. Sie können auseinandergenommen und erweitert werden. Man kann verschiedene Elemente oder ganze Wörter miteinander verbinden und so neue Wörter bauen. Und genau das ist es, was wir für eine gegenderte Sprache brauchen: neue Wörter.

Das Wichtigste zuerst: Die entscheidenden Bauteile für Wörter sind nicht die Buchstaben. Wörter bestehen zwar im Geschriebenen aus Buchstaben, die repräsentieren aber wiederum – nicht unbedingt immer eins zu eins – Laute, aus denen sich die Wörter im Gesprochenen zusammensetzen. *S, c* und *h* sind zusammen zum Beispiel ein einziger Laut, *sch*.[120] Unsere Sprache setzt sich aus sehr kleinen Einzelteilen zusammen: Man kann in die Wörter hineinzoomen und dort beobachten, dass Laute wiederum aus Schallwellen bestehen. Mehrere Schallwellen bilden zusammen erst einen Laut und dann eine Silbe, die unsere Ohren als Einheit wahrnehmen: *Drau-ßen war ein kal-ter No-vem-ber-mor-gen und es reg-ne-te in Strö-men.*

Linguist*innen versuchen, zu verstehen, nach welchen Regeln unsere Wörter zusammengesetzt sind. Was sind die kleinsten Einheiten, die noch etwas bedeuten? Welche Einheiten können an welche anderen andocken? Nicht jedes Bauteil passt an jedes andere. Wörter sind nach sehr komplexen Bauplänen gebaut, denen wir beim Sprechen und Schreiben folgen. Wir kennen alle diese Regeln, wir haben sie in unserer Kindheit gelernt. Nicht in der Schule, sondern, indem wir den Menschen in unserem Umfeld beim Sprechen zugehört haben.

Die Elemente, aus denen immer wieder neue Wörter zusammengebaut werden, bestehen in der Regel aus mehreren Lauten und sind oft so groß wie eine ganze Silbe. In der Linguistik werden sie *Morpheme* genannt. Der Fachausdruck *Morphem* ist aus dem altgriechischen Wort *morphḗ* abgeleitet, das so viel wie ›Form‹ oder ›Gestalt‹ bedeutet. *Morpheme* sind die Elemente, mit denen man Wörter bauen kann.[121] Ein Morphem kann zwar in kleinere Elemente, die Buchstaben oder Laute, zerlegt werden, aber Laute allein haben keine Bedeutung. Ein *a, e, p* oder *w* bedeutet nichts. Die Laute sind das Material, aber die Morpheme sind

120 In der Linguistik schreibt man Wörter deswegen auch in Lautschrift. Ein *sch* ist dann zum Beispiel ein [ʃ], ein stimmloser postalveolarer Frikativ.

121 Die linguistische Teildisziplin, die sich damit befasst, wie wir das genau machen, wird dementsprechend *Morphologie* genannt.

die Bausteine. Erst ein vollständiges Morphem kann eine Bedeutung zu einem Wort beitragen.[122]

Mensch *-heit*

Glück *-s-* *drache*

un- *durch-* *dring* *-lich*

schnarch *-en*

Im Sprachsystem gibt es klare Regeln, welche Morpheme miteinander verbunden werden können. Zusammen bilden sie ein stabiles neues Wort. Einige Elemente sind auf diese Weise sehr produktiv: Sie verbinden sich ständig mit anderen Morphemen und so kann man mit ihnen nach Belieben neue Wörter bilden. Nachsilben wie *-keit* zum Beispiel: *Müdig-keit, Heiser-keit, Langsam-keit, Niedlich-keit, Schnellig-keit.* Man nehme ein Adjektiv und hänge *-keit* daran, schon hat man ein neues Wort. Vielleicht sogar ein richtig neues, das noch keiner kennt, *Zimtsternig-keit* zum Beispiel. Man versteht, was gemeint ist, obwohl dieses Wort in keinem Wörterbuch steht. Weil das Wort nach den Regeln des Sprachsystems gebaut ist. Wir können dank dieser Regeln und der einzelnen Morpheme, aus denen *Zimtsternig-keit* besteht, ableiten, was das Wort bedeutet.

Ebenfalls sehr produktiv ist die ›weibliche‹ Nachsilbe *-in*. Wir können sie im Deutschen an ›männliche‹ Wörter montieren und so ein ›weibliches‹ Wort bauen: *Astronaut-in, Kosmetiker-in, Freund-in.* Auch hier ergibt sich die Bedeutung des Wortes aus den beiden Morphemen. Das erste Morphem zeigt an, um welche Art von Person es geht, und das zweite Morphem zeigt das Gender dieser Person an.

Neue Wörter, die sich jemand ausgedacht und die die Sprachgemeinschaft dann übernommen hat, sind fast immer nach den Regeln und mit den Bausteinen des Sprachsystems gebaut.[123] Das neue Wort *Alltagsmaske*

---

122 Manche Morpheme bestehen allerdings nur aus einem einzigen Laut, z.B. *-n*. Das Morphem *-n* kann Wörter in die Mehrzahl setzen, ändert also die Bedeutung des Wortes: der Drache, die Drache*n*.

123 Es gibt wenige Ausnahmen, die werden jedoch in der Regel zumindest nach den Regeln des Sprachsystems und mit den dort bereits vorhandenen Lauten zusammengebastelt. Das Wort *Spunk* in der deutschen Übersetzung der Pippi Langstrumpf-Bücher besteht zum Beispiel aus einer Silbe, die den Aufbau einer mustergültigen Silbe des Deutschen hat.

besteht zum Beispiel aus den Morphemen *Alltag* und *Maske*. Weil diese Morpheme in ihrem vorherigen Leben einmal zwei Substantive waren, können sie zu einem neuen Substantiv verbunden werden. Wie bei vielen solchen zusammengesetzten Substantiven wird zwischen die beiden Elemente ein sogenanntes Fugenelement, ein *-s-*, gehängt, und voilà: Das fertige Wort kann als voll funktionstüchtiges Substantiv in Sätzen verwendet und von allen Sprecher*innen des Deutschen problemlos verstanden werden. Das neue Wort *boostern* wiederum besteht aus dem Morphem *Booster* (das für sich alleine auch ein Substantiv sein kann) und der Nachsilbe *-(e)rn*, mit der man auch die Verben *blubbern*, *gluckern* und *plappern* bilden kann.[124] Neue Wörter wie *Alltagsmaske* und *boostern* können ein Teil unseres Sprachsystems werden, weil sie nach den Regeln dieses Sprachsystems konstruiert sind.

Alltagsmaske besteht außerdem aus Elementen, die schon seit Langem in unserem Sprachsystem sind. *Boostern* nicht: Das Morphem *Booster* kam in der Coronapandemie neu hinzu, es ist ein Import aus dem Englischen. Wir übernehmen immer wieder mal Morpheme aus anderen Sprachen – meistens solche, die eigenständige Wörter bilden und also Fremdwörter sind. Sie bleiben oft selbst dann ein bisschen fremd und ungewöhnlich, wenn sie schon lange im Sprachsystem zu Hause sind.

Das französische Fremdwort *Café* schreiben wir zum Beispiel heute immer noch mit *é*, obwohl es diesen Akzent im Deutschen eigentlich sonst überhaupt nicht gibt. Manche Fremdwörter sind etwas schwierig zu schreiben, weil sie zum Beispiel aus dem Italienischen kommen und noch ein leicht italienisches Aussehen behalten haben wie *Aquarell, Terrakotta* und *Palette*.[125] Bei vielen ist die Aussprache eine leicht andere als bei normalen deutschen Wörtern, bei dem ursprünglich englischen *Toast* zum Beispiel. Man kann das Wort sehr deutsch aussprechen, *Tooooost*, oder mit einem eleganten englischen Schwung in der Mitte, *Toust*.

Trotzdem erfüllen alle diese Fremdwörter ein wichtiges Kriterium, um ins deutsche Sprachsystem integriert zu werden: Sie sind Morpheme oder sie bestehen aus Morphemen. Sie mögen zwar etwas fremd aussehen und

---

124 Vgl. zu *-(e)rn*: Fleischer, Wolfgang & Irmhild Barz: Wortbildung der deutschen Gegenwartssprache. 4., völlig neu bearbeitete Auflage. Berlin/Boston: De Gruyter 2012, S. 201.

125 Eisenberg, Peter: Das Fremdwort im Deutschen. 3., überarbeitete und erweiterte Auflage. Berlin/Boston: De Gruyter 2018.

klingen, aber sie sind Bauteile, die wir mit den Regeln des deutschen Sprachsystems zusammenbauen und sogar mit deutschen Morphemen verbinden können. Die Bauteile sind aus demselben Baukasten.

Vermutlich aus einem ganz anderen Baukasten sind Gendersterne, Gendergaps, Binnen-Is und ähnliche Zeichen, die in gegenderte Wörter gesetzt werden. Deshalb empfiehlt der Rechtschreibrat derzeit, das lieber bleiben zu lassen.[126] Die auffälligen neuen Zeichen unterscheiden sich so sehr von den Morphemen in unserem Sprachsystem, dass der Verdacht aufkommt, dass sie keine richtigen Morpheme sind. Es ist ein bisschen so, als würde man Legosteine mit Duplosteinen verbinden wollen. Die Noppen auf den Legosteinen sind eigentlich viel kleiner als die Noppen auf den zwar ähnlichen, aber doppelt so großen Duplosteinen. Genauso sind Gendersterne, Gendergaps und so weiter und Morpheme möglicherweise nicht miteinander kompatible Bauteile aus zwei unterschiedlichen Baukästen.

Daran ändert auch nichts, dass Doppelpunkte und Großbuchstaben schon im Sprachsystem vorkommen: Ein Doppelpunkt am Ende eines Satzes ist etwas anderes als ein Doppelpunkt, der sich gerne mit anderen Elementen zu einem Wort verbinden würde. Mit Doppelpunkten schließt man Sätze ab oder zeigt an, dass der Satz noch ein bisschen weitergeht, aber man verbindet damit keine Morpheme. Und eigenständige Morpheme sind Doppelpunkte erst recht nicht. Ein großes I zeigt eigentlich nur an, dass ein neuer Satz oder ein Substantiv anfängt, aber es verbindet ebenfalls keine Elemente zu Wörtern und ist auch kein Morphem, also kein eigenständiges Bauelement. Zumindest ist das bis jetzt so.

Die entscheidende Frage ist, ob es Gendersterne und ähnliche Zeichen trotz ihrer ungewöhnlichen Form schaffen können, sich als Bauteile in unser Sprachsystem zu mogeln. Wenn sie eigenständige Elemente bilden sollen, ist die Konstruktion sehr instabil, weil ein Legostein zwischen zwei Duplosteine gesteckt werden müsste:

Astronaut -*- *-in*

Der Stern passt nicht richtig zwischen die beiden Morpheme *Astronaut* und *-in*. Und auch die Bedeutung des Gesamtbauwerks kommt auf sehr

126 Rat für deutsche Rechtschreibung: Geschlechtergerechte Schreibung. Empfehlungen vom 26.03.2021.

seltsame Weise zustande, wenn die Elemente so wie oben zusammengesetzt werden. Der Genderstern würde nämlich an ein ›männliches‹ Wort und daran würde wiederum ein ›weibliches‹ Element gesteckt werden. Möglicherweise wäre in dieser Verbindung das ›männliche‹ Element nicht mehr ›männlich‹, sondern genderneutral. So ist es zumindest in ›weiblichen‹ Wörtern: In *Astronaut-in*, *Schriftsteller-in* und *Kosmetiker-in* ist der erste Teil durch die Nachsilbe *-in* in Bezug auf Gender neutralisiert. Das zusammengesetzte Wort bezieht sich wegen dem *-in* nur auf ›Frauen‹. Wir hätten also bei dem Wort *Astronaut*in* ein ›männliches‹ oder möglicherweise genderneutrales Element, einen genderneutralen oder gendergerechten Stern und ein ›weibliches‹ Element.

Manchmal wird behauptet, dieses Wort würde dann deshalb genderneutral oder gendergerecht sein, weil es aus verschiedenen Elementen mit unterschiedlichem Gender besteht. [›Männlich‹] plus [genderneutral oder gendergerecht] plus [›weiblich‹] ergibt ein Wort, das alle Menschen meint. Man hätte sozusagen eine ausgewogene Mischung aus allen Elementen. Das ist aber aus linguistischer Sicht Quatsch. Substantive bestehen im Deutschen zwar oft aus mehreren Morphemen, die alle ihre eigene Bedeutung zu dem Wort beitragen. In dem Wort *Astronautin* steuert zum Beispiel das erste Morphem *Astronaut* die Bedeutung ›Mensch, der in einem Raumfahrtunternehmen arbeitet‹ und die Nachsilbe *-in* die Bedeutung ›dieser Mensch ist eine Frau‹ bei. Beide Morpheme sind aber jeweils für einen *anderen Aspekt* der Gesamtbedeutung zuständig. Das ›männliche‹ *Astronaut* gibt nicht eine Prise ›Männlichkeit‹ in das Wort und das *-in* eine Prise ›Weiblichkeit‹, sodass man nach kräftigem Umrühren eine Mischung aus beidem hätte. Wenn das so wäre, wären Wörter wie *Astronautin* im Übrigen schon gendergerecht, weil sie etwas ›Männliches‹ (*Astronaut*) und etwas ›Weibliches‹ (*-in*) enthalten. Für den Aspekt Gender ist in dem Wort aber einzig und allein die Nachsilbe *-in* zuständig, das Morphem *Astronaut* hat in dieser Sache nichts zu melden.

In *Astronaut*in* kann also nicht das erste Element etwas ›Männliches‹ beitragen, der Stern noch ein paar weitere Genderidentitäten oder ein bisschen Genderneutralität und das *-in* etwas ›Weibliches‹. Jedenfalls nicht, wenn das Wort nach den Regeln unseres Sprachsystems funktionieren soll. Wenn das Wort durch ein derartiges Zusammenmischen genderneutral oder gendergerecht werden würde, würde es sehr seltsame Sachen machen und sich überhaupt nicht wie ein Wort des deutschen Sprachsystems verhalten. Das Gender, das mit einem Wort ausgedrückt werden kann, wird von genau *einem* der Elemente festgelegt. *Doch welches Element könnte in gegenderten Wörtern das Gender ausdrücken?*

Vielleicht trägt allein der Stern die Bedeutung ›genderneutral‹ oder ›alle Gender‹. Es wird immerhin oft behauptet, Gendersterne würden Wörter genderneutral oder gendergerecht machen, weil sie in alle möglichen Richtungen zeigen. Sie sollen *symbolisch* oder *ikonisch* sein. So funktionieren Wörter aber bisher nicht. Die Morpheme, aus denen sie bestehen, haben ihre Bedeutung nicht durch ihr Aussehen. Einem *-heit*, einem *un-* oder einem *trag* sieht man nicht an, was sie bedeuten. Man spricht in der Linguistik von *Arbitrarität*: Welches Morphem welche Bedeutung hat, ist willkürlich. Ein *Drache* könnte genauso gut *Orlemp* heißen.

Natürlich entwickelt sich Sprache im Laufe der Zeit und es ist nicht willkürlich, aus welchen Morphemen sich ein neues Morphem entwickelt. Aber davon abgesehen haben die Bauelemente von Wörtern ihre Bedeutung nicht durch ein bestimmtes Aussehen und sie stehen für nichts symbolisch oder ikonisch.[127] Dass ein Genderstern in alle Richtungen zeigt, ist also im Grunde genommen vollkommen egal. Deshalb macht es strukturell auch keinen Unterschied, ob man in ein gegendertes Wort einen Stern, einen Gendergap, ein Binnen-I, einen Doppelpunkt, einen Mediopunkt oder ein glitzerndes Rechteck setzt. Alle diese Zeichen sind Legosteine, die ordentlich auffällig sind, aber an keinem dieser Legosteine klebt eine Anleitung, in der erklärt wird, was der Legostein bedeuten könnte.[128]

Die Menschen, die Deutsch sprechen, müssten sich also daran *gewöhnen*, dass Wörter mit einem Genderstern, einem Gendergap, einem Binnen-I oder welchem Zeichen auch immer eine bestimmte Bedeutung haben. Sie müssten – genauso wie bei anderen Wörtern auch – diese Bedeutung im Laufe der Zeit lernen, weil sie dem Zeichen nicht anzusehen ist. Daran gewöhnen kann man sich bei jedem Legostein, egal, welche Farbe er hat, also ganz gleich, ob es sich um einen Stern oder einen Doppelpunkt handelt.

---

127 Ausnahmen sind lautmalerische Wörter, z.B. *Kikeriki*. Aber selbst der Hahn macht in anderen Sprachen ein bisschen anders, z.B. *cocorico* im Französischen.

128 Der Unterschied zwischen den verschiedenen Schreibweisen liegt auf einer anderen Ebene: Er ist nicht sprachstrukturell, sondern soziokulturell. Das Binnen-I wird heute mit einem binären und der Gendergap und der Genderstern mit einem nichtbinären Verständnis von Gender in Verbindung gebracht.

Der Stern könnte also genauso gut wie ein Gendergap, ein Binnen-I oder irgendein anderes Zeichen die Bedeutung ›alle Gender‹ tragen oder das Wort genderneutral machen. Vielleicht ist er doch ein Morphem? Ein sehr ungewöhnliches zwar, das man mit Klebeband an den anderen Morphemen befestigen muss, damit es einigermaßen hält, aber ein Morphem, das eine Bedeutung zum Wort beiträgt? Dann kommt jedoch das *-in*, das noch hinten an dem Stern hängt, in Erklärungsnot: Was macht es da? Warum kann man es nicht weglassen?

Astronaut   *-**

Das könnte funktionieren. Der Stern wäre ein Element, das an Wörter gehängt wird, um sie genderneutral oder gendergerecht zu machen. Bleibt nur das Problem, dass der Stern eine so komische, für Morpheme untypische Form hat. Die Konstruktion ist sehr wacklig.

Als ich beim Schreiben dieses Buchs nachgesehen habe, habe ich lustigerweise herausgefunden: Man kann Lego- und Duplosteine sehr wohl miteinander verbinden, indem man einen kleinen Legostein auf einen der Noppen eines Duplosteins setzt. Genauso könnte man es mit dem Genderstern machen: Man könnte den Stern wie einen Legostein auf ein Morphem, also einen Duplostein, setzen. Das neue Element, das wir an unsere Wörter hängen, sollte eine *richtiges* Morphem sein – kein Bauteil aus einem anderen Baukasten, kein Bruchstück von einem Morphem, kein Buchstabe, kein Symbol, sondern ein vollwertiges Morphem und damit ein Bauteil, mit dem wir nach denselben Regeln Wörter bauen können, wie wir es schon jetzt mit anderen Elementen tun. Wenn der Stern zusammen mit *-in* ein einziges Morphem bildet, hätten wir ein Wort, das nach den Regeln des Sprachsystems aus zwei Morphemen zusammengebaut ist:

Astronaut   *-*in*

Das Morphem *-*in* wäre ein neues Element im Sprachsystem, ein Duplostein mit einem leuchtenden, glitzernden Legostein darauf. Der Legostein ist noch da, aber weil er oben auf dem Duplostein steckt, verhindert das nicht, dass dieser Duplostein auf andere Duplosteine gesteckt werden kann. Genauer gesagt wäre *-*in* eine neue *Nachsilbe* im Sprachsystem, die zwar durch den aufgesteckten Legostein etwas ungewöhnlich aussieht, sich aber problemlos mit anderen Morphemen des Deutschen verbinden lässt.[129]

Von dem Linguisten Peter Eisenberg – genau dem, der in Zeitungstexten mit Titeln wie »Finger weg vom generischen Maskulinum!«, »Das missbrauchte Geschlecht« und »Die Genderfraktion verachtet die deutsche Sprache« gegen das Gendern wettert – stammt ein Buch, das davon handelt, wie es neue Wörter und Morpheme aus anderen Sprachen in unser Sprachsystem schaffen. Das Buch heißt *Das Fremdwort im Deutschen.* Sehr viele der darin aufgezählten Morpheme, die das Deutsche im Verlauf der vergangenen Jahrhunderte aus anderen Sprachen übernommen hat, sind Nachsilben, zum Beispiel:

-ion *-ifizier* *-esse* *-är* *-ell* *-ator*

-isier *-uell* *-euse* *-ier* *-ismus*

Manchen von diesen Nachsilben sieht man heute noch ein bisschen an, dass sie ursprünglich aus einer anderen Sprache kommen. Sie werden etwas anders geschrieben oder klingen beim Sprechen anders, als man es von Nachsilben im Deutschen gewohnt ist. Trotzdem sind sie schon seit Langem in unserer Sprache. Sie stecken in Wörtern, die selbst schon einen eigenen Wörterbucheintrag haben, und hin und wieder bilden wir völlig neue Wörter mit ihnen.

Mit einer bestimmten Art von Veränderung kommt unser Sprachsystem also wunderbar klar: Es hat keine Probleme damit, fremde, ungewöhnlich aussehende Nachsilben aus anderen Sprachen aufzunehmen. Fremde Nachsilben sind nämlich wie Duplosteine: Sie sind ganze Morpheme. Sie haben dieselbe Form und dieselben Eigenschaften wie deutsche Nachsilben. Sie müssen nicht notdürftig mit Klebeband mit den deutschen Morphemen verbunden werden. Wenn *-*in* also eine neue Nachsilbe ist, dann müsste es

---

129 Die Varianten *-*in*, *-_in* und *-In* wurden bereits von mehreren Linguist*innen als neue Nachsilbe analysiert, vgl. u.a.:
Scott, Alan Scott: Das Suffix -In. Eine Ergänzung zum deutschen Wortbildungssystem. In: Zeitschrift für Dialektologie und Linguistik 73 (2006). S. 161–175.
Stefanowitsch, Anatol: Gendergap und Gendersternchen in der gesprochenen Sprache. Blogbeitrag auf Sprachlog.de vom 09.06.2018.
Zifonun, Gisela: Die demokratische Pflicht und das Sprachsystem: Erneute Diskussion um einen geschlechtergerechten Sprachgebrauch. Sprachreport 34 (2018) 4. S. 44–56, hier S. 51–52.

nicht allzu schwer sein, diese neue Nachsilbe ins Sprachsystem des Deutschen aufzunehmen, obwohl sie etwas ungewöhnlich aussieht.[130]

Etwas Ähnliches versuchen diejenigen, die Formen wie *Professx, Lehrx* und *Freundx*[131] oder *Lehry* und *Studentys*[132] verwenden. *-x* und *-y* sollen neue Nachsilben sein, die Wörter genderneutral oder gendergerecht machen. Die Idee ist sprachstrukturell gesehen gut. Nur muss man aufpassen, dass man das Wort nicht zu sehr kaputtmacht: Bei *Lehry* ist zum Beispiel nur noch ein Teil von *Lehrer* übrig geblieben, das *-er* ist abmontiert. Die Nachsilbe *-er* würde aber eigentlich einen wichtigen Teil zur Bedeutung beisteuern: Sie macht das Wort zum einen zu einem Substantiv und zeigt zum anderen an, dass es um eine Tätigkeit geht, die jemand beruflich macht. In anderen Wörtern kann die Nachsilbe *-er* auch eine leicht andere Bedeutung beisteuern, zum Beispiel, dass jemand etwas regelmäßig (*Herumtreiber, Raucher*) oder gelegentlich (*Finder, Verlierer*) macht.[133] Die Tätigkeit steckt bei dem Wort *Lehrer* im ersten Morphem *lehr*, mit dem auch das Verb *lehren* gebildet wird. Ein *Lehrer* ist also erst dank der beiden Morpheme *lehr* und *-er* eine Person, die beruflich unterrichtet. Bei *Lehry* hat man das Wort *Lehrer* zerstückelt und dabei ist ein Teil der Bedeutung verlorengegangen.

Es sei denn, *-y* leistet in dem Wort dasselbe wie die Nachsilbe *-er*.[134] Dann wäre es allerdings unsinnig, diese Nachsilbe, wie das bei dieser Methode zu Gendern vorgeschlagen wird, auch an Wörter wie *Astronaut* (*Astronauty*) und *Student* (*Studenty*) zu hängen. Das wäre, als würde man *Astronauter* und *Studenter* sagen. Denn *Astronauten* und *Studenten* sind schon ohne *-y* Personen, die etwas beruflich oder regelmäßig tun. Stattdessen müsste man immer nach demselben Muster vorgehen: *Student* setzt sich

130 Detaillierter gehe ich auf die Frage, ob und inwiefern die Nachsilbe *-*in* ins Sprachsystem passt, hier ein: Völkening, Lena: Ist Gendern mit Glottisverschlusslaut ungrammatisch? Ein Analysevorschlag für das Suffix [ʔɪn] als phonologisches Wort. In: Zeitschrift für Wortbildung 6 (2022) 1, Berlin: Peter Lang. S. 58–80.

131 Der Vorschlag stammt von Lann Hornscheidt.

132 Die Endung *-y* geht auf den Schauspieler und Autor Hermes Phettberg zurück, der sie ab 1992 in Kolumnen verwendete. Es ist unklar, ob Phettberg den Vorschlag ernst meint.

133 Vgl. Fleischer, Wolfgang & Irmhild Barz: Wortbildung der deutschen Gegenwartssprache. 4., völlig neu bearbeitete Auflage. Berlin/Boston: De Gruyter 2012, S. 201.

134 *Lehr-ender* ist zum Beispiel eine mögliche Alternative zu *Lehr-er*, bei der die Nachsilbe *-er* ebenfalls wegfällt, weil *-ender* in dem Wort ungefähr dasselbe leistet.

aus *stud* (wie in *studieren*) und *-ent* zusammen. Nach dem selben Muster wie *Lehry* würde also *Study* gebildet, nicht *Studenty*. Und wenn man *Studenty* bildet, müsste man konsequenterweise auch *Lehrery* bilden.

Dabei müssen wir es uns gar nicht so kompliziert machen. Wörter wie *Lehry* und *Study* machen uns als Leser*innen Mühe, weil die alten Wörter *Lehrer* und *Student* hier stark verändert wurden. Wenn Sprache sich durch natürlichen Sprachwandel ändert, dann werden die Bauelemente aber normalerweise nicht willkürlich zerhackt und völlig neu zusammengewürfelt oder ändern auf andere Weise von heute auf morgen ihre Form. Es kommen auch nicht plötzlich lauter neue Elemente hinzu. Wenn eine Sprache sich wandelt, dann passiert das Schritt für Schritt. Die Elemente werden mal hier und mal da neu arrangiert, bis sich neue Muster herausbilden. Elemente nutzen sich langsam wie Steine im Wasser ab und ändern so ganz allmählich ihre Form. Manchmal kommen auch neue Elemente hinzu wie die Nachsilben aus den anderen Sprachen, aber da ist unsere Sprache sehr wählerisch. Ein neues Element muss sehr gut ins Sprachsystem passen und dort dringend gebraucht werden, damit es dort bleiben darf.

Wenn wir mit der neuen Nachsilbe *-*in* statt mit *-x* oder *-y* gendern, haben wir einen immensen Vorteil: Wir können diese Nachsilbe einfach an genau dieselben Morpheme und Morphemverbindungen hängen, an die wir bereits jetzt die ›weibliche‹ Nachsilbe *-in* montieren, wenn wir ›weibliche‹ Wörter wie *Freundin* oder *Ärztin* bauen:

Freund *-*in*
Student *-*in*
Automechaniker *-*in*
Fußballspieler *-*in*
Ärzt *-*in*
Köch *-*in*

Anders, als oft behauptet wird, sind *Ärzt*in* und *Köch*in* nicht krumm und schief, weil sie ein *ä* und ein *ö* enthalten. Wenn wir aus den Bauteilen *Arzt* und *-in* oder *Koch* und *-in* ›weibliche‹ Wörter bauen, lauten die schließlich auch *Ärztin* und *Köchin* und nicht *Arztin* und *Kochin*. Die Elemente, die auch ›männliche‹ Wörter bilden können (*Arzt, Koch, Automechaniker*), verlieren ihre ›männliche‹ Eigenschaft, wenn man eine Nachsilbe anhängt, die das Gender der Gesamtkonstruktion vorgibt. Die Elemente *Ärzt, Köch* und *Automechaniker* sind in *Ärzt*in, Köch*in* und *Automechaniker*in* also nicht ›männlich‹ und müssen nicht zwingend so aussehen wie die ›männlichen‹ Wortformen.

Weil Morpheme ihre Bedeutung nicht durch ihr Aussehen erhalten, ist es außerdem egal, ob die neue Nachsilbe *-*in* ist oder zum Beispiel *-_in* oder *-:in*. Oder auch *-In*. Die Schreibweise macht zum aktuellen Zeitpunkt keinen Unterschied. Wichtig ist nur, dass der Stern, der Gendergap, der Doppelpunkt und so weiter ein Teil der Nachsilbe ist und kein eigenständiges Element. Und so tragen der Stern und *-in* nicht jeweils einzeln, sondern gemeinsam eine Bedeutung zu den Wörtern bei: Genauso wie die ›weibliche‹ Nachsilbe *-in* Wörter ›weiblich‹ macht (*Astronautin*), könnte die Nachsilbe *-*in* (oder *-_in* oder *-In* oder …) Wörter gendergerecht oder genderneutral machen (*Astronaut*in*). In der Mehrzahl sind die gegenderten Wörter dann so strukturiert:

Lehr *-er* *-*in* *-en*

*Lehrer*innen* enthält vier Morpheme, die aneinandergesteckt werden: Das Morphem *Lehr* zeigt an, dass es bei dem Wort ums Unterrichten geht. Die Nachsilbe *-er* zeigt an, dass das eine Person tut, und zwar beruflich. *-*in* zeigt an, dass diese Person jegliches Gender haben kann oder dass Genderkategorien bei dem Wort keine Rolle spielen, und *-en* zeigt an, dass es sich um mehrere Personen handelt.

Der Genderstern ist ein Neonschild an dem Wort, er fällt auf und kann deshalb vielleicht verhindern, dass wir beim Lesen des Worts nur an ›Männer‹ als prototypische Menschen denken. Aber er ist trotzdem Teil einer richtigen, normalen Nachsilbe, und deshalb ist es vielleicht nicht so schlimm für die Stabilität der Konstruktion, dass Wörter eigentlich (bis jetzt) überhaupt keine Sterne enthalten.[135] Er ist ein Legostein auf einem Duplostein, der natürlich ein Fremdkörper ist. Aber durch den Duplostein, auf den er gesteckt ist, kann er ganz normal mit Morphemen verbunden

135 Genauso, wie es okay ist, das Wort *Frau* mit einem Stern zu schreiben, *Frau**. Der Stern fällt auf und ist kein ›normales‹ sprachliches Element. Aber das ist nicht so schlimm, weil das Wort trotzdem insgesamt wie ein ›normales‹ Wort im Deutschen aussieht. Der Legostein steckt auch hier eher oben auf dem Duplostein, als dass er sich einbilden würde, ein eigenständiges Morphem zu sein.

werden. Die Nachsilbe hat als Bauteil dieselbe Form wie andere deutsche Nachsilben.

Wir können mit der neuen Nachsilbe *-*in* auch längere Wörter bauen: *Lehrer*innenzimmer* zum Beispiel. Denn an Wörter mit Nachsilben kann man schon jetzt im Deutschen weitere Wörter anhängen. Aus *Achtsam-keit* und *Übung* kann man zum Beispiel *Achtsamkeitsübung* machen:

*Lehr -er -*in -en zimmer*

Achtsam -keit -s- übung

Zugegeben: Die neue Nachsilbe *-*in* sieht der ›weiblichen‹ Nachsilbe *-in* verdächtig ähnlich. Die Wörter, die man mit ihr bauen kann, könnte man auch für ›weibliche‹ Wörtern halten. Vielleicht ist es aber auch gut, wenn uns die neue Nachsilbe an die ›weibliche‹ Nachsilbe erinnert – damit wir endlich mehr an ›Frauen‹ denken, als wir es bis jetzt mit unserem männerzentrierten Denken tun. Weil sie neu ist, können wir der Nachsilbe *-*in* dennoch eine völlig neue Bedeutung geben, sie ist nicht gezwungenermaßen ›weiblich‹.

Im Gesprochenen wird die neue Nachsilbe *-*in* oft mit einem Laut ausgesprochen, der im Deutschen bereits jetzt oft vorkommt: mit dem Glottisverschlusslaut, manchmal auch ›Knacklaut‹ genannt. Der Glottisverschlusslaut ist ein seltsamer Laut. Die beiden Linguist*innen Bernd Pompino-Marschall und Marzena Żygis haben einmal über ihn gesagt, er würde sich in Wörtern fast wie ein Chamäleon verhalten.[136] Wir *können* ihn am Anfang von Wörtern wie *oder, aber, Apfel* und *Olive* sprechen, *müssen* das aber nicht tun. Der Glottisverschlusslaut führt im Deutschen ein trauriges Dasein, denn er ist in diesen Wörtern optional und verzichtbar. Wir verstehen diese Wörter genauso gut, wenn der Glottisverschlusslaut fehlt. Und: Wir merken es in der Regel gar nicht, wenn er fehlt.

Dementsprechend ist es für Linguist*innen schwierig, herauszufinden, wann und warum wir ihn überhaupt aussprechen. Ein paar Regeln haben sie gefunden: Es ist zum Beispiel am Anfang von Sätzen und nach einem Komma wahrscheinlicher, dass jemand den Glottisverschlusslaut ausspricht, als

136 Pompino-Marschall, Bernd & Marzena Żygis: Glottal Marking of Vowel-Initial Words in German. In: ZAS Papers in Linguistics 52 (2010). S. 1–17.

einfach nur am Anfang eines Wortes irgendwo im Satz. Weil der Glottisverschlusslaut aber nie zwingend mitgesprochen werden muss, wird er bis jetzt im Deutschen nicht verschriftlicht. Den Wörtern *oder, aber, Apfel* und *Olive* sieht man nicht an, dass vor den Vokalen ganz am Anfang dieser Wörter jeweils noch ein Laut kommen kann. Kann er aber, und deshalb werden die Wörter in sprachwissenschaftlichen Texten manchmal auch so geschrieben: [ʔ]*oder*, [ʔ]*aber*, [ʔ]*Apfel*, [ʔ]*Olive.*

Wenn wir den Glottisverschlusslaut sprechen, schließen sich die Stimmlippen in unserem Hals einmal kurz und öffnen sich dann abrupt wieder. Dabei atmen wir kräftig aus. So wird die Luft, die aus unserem Hals strömt, erst gestoppt und dann ruckartig freigelassen. Daher hat der Glottis*verschluss*laut auch seinen Namen: Die beiden Stimmlippen und insbesondere der Spalt dazwischen wird in der Linguistik auch Glottis genannt, und genau der wird bei dem Laut geschlossen. Das Ergebnis ist eine winzig kurze Stille und dann ein knallender Laut.[137] Wenn man sich die Schallwellen, die dabei produziert werden, in einem Programm für akustische Analysen anschaut, kann man eine kurze Signalpause erkennen, gefolgt von einem unregelmäßigen Ausschlag:[138]

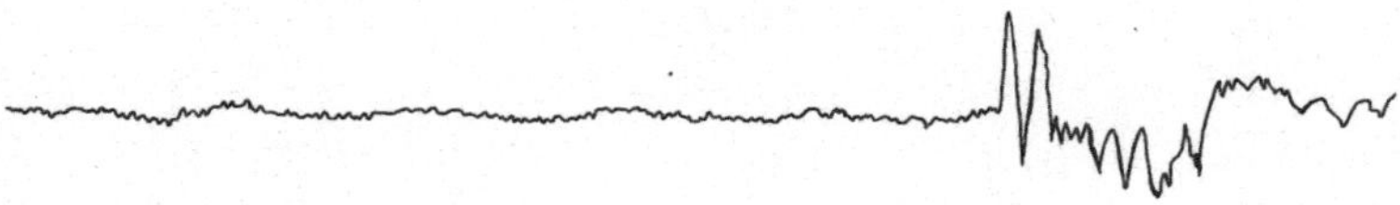

Damit sehen die Schallwellen beim Glottisverschlusslaut ganz ähnlich aus wie bei einem *p, t* oder *k.* Auch bei diesen drei Lauten bilden wir nämlich zuerst einen Verschluss – mit den Lippen beziehungsweise mit der Zunge und der oberen Seite des Mundraums – und öffnen dann den Verschluss

137 Ein Knall definiert sich in der Akustik dadurch, dass es kurz laut wird und dann relativ schnell wieder Ruhe ist. Die Schallwellen schlagen also einen kurzen Moment sehr unregelmäßig und stark aus.
Vgl. Reetz, Henning: Artikulatorische und akustische Phonetik. Wissenschaftlicher Verlag Trier 2003, S. 51.

138 Die Schallwellen sind hier auf der Grundlage einer Analyse mit dem Programm *Praat* vereinfacht dargestellt. Es handelt sich um den Glottisverschlusslaut, den die Psychologin und Autorin Pia Kabitzsch in dem Video *Narzissmus – Ist Donald Trump wirklich ein Narzisst?* auf dem YouTube-Kanal *psychologeek* in dem gegenderten Wort *Psycholog*innen* bei Minute 11:27 spricht.

abrupt wieder.[139] Dass wir einen Laut nur mit den Stimmlippen in unserem Hals bilden, ist hingegen ungewöhnlich. Das machen wir nur mit einem einzigen anderen Laut des Deutschen, dem *h*. Beim *h* lassen wir unsere Stimmlippen einen Spalt weit offen und quetschen Luft zwischen ihnen hindurch. Alle anderen Laute werden im Deutschen im Mundraum gebildet, indem wir unsere Zunge oder unsere Lippen unterschiedlich formen oder mit den Zähnen eine Engstelle bilden – oder mehrere von diesen Dingen gleichzeitig.

Weil man die Stimmlippen zuerst schließen muss, um den Glottisverschlusslaut zu bilden, wird manchmal gesagt, der Glottisverschlusslaut wäre eine kurze Pause im Wort. Das ist er nicht. Jedenfalls nicht mehr als andere Laute. Wenn wir ein *p*, ein *t* oder ein *k* sprechen, machen wir nämlich zwangsläufig ebenfalls eine kurze Pause, weil wir etwas schließen – zum Beispiel die Lippen beim *p* – und dann abrupt wieder öffnen. Genau genommen machen wir also auch vor *p*, *t* und *k* immer eine kurze Pause. Diese Pause ist aber wirklich sehr, sehr kurz. Der auf dem Bild auf der letzten Seite dargestellte Glottisverschlusslaut dauert zum Beispiel mitsamt Signalpause nur 0,05 Sekunden (und ich habe für das Bild einen ausgesucht, vor dem es außergewöhnlich lange still war, oft geht das Ganze noch schneller). Niemand macht mehr als ein paar Millisekunden Pause vor dem Glottisverschlusslaut, wenn er diese Wörter spricht. Die Wörter sind eine Einheit, sie sind nicht durch eine Pause zerstückelt, sondern enthalten lediglich einen *Verschluss*laut.

Der Glottisverschlusslaut kommt im Deutschen bereits ständig vor, wir nehmen ihn nur nicht wahr. Genauso, wie wir oft viele anderen Dinge nicht wahrnehmen, wenn wir sprechen: Dass wir Sätzen eine bestimmte Betonung geben, die auch etwas bedeutet. Dass wir bei Fragen zum Beispiel mit der Stimme nach oben gehen. Dass wir die Wörter, die in einem Satz besonders wichtig sind, betonen. Dass wir ein *n* in *lang* ganz anders aussprechen als in *Name*. Unsere Aussprache verläuft zu einem großen Teil unbewusst. Wir haben sie als kleine Kinder gelernt und wissen jetzt intuitiv, wie wir Wörtern den richtigen Klang geben und mit welchen Lauten wir sie bilden müssen. Deshalb fällt uns nicht auf, dass wir vor Wörtern, die mit einem Vokal anfangen, sehr oft ganz intuitiv einen Glottisverschlusslaut sprechen. Der Glottisverschlusslaut an sich ist nicht komisch.

139 Alle vier Laute werden deshalb in der Linguistik als *Plosive* klassifiziert. Der Glottiserschlusslaut wird in der Linguistik auch *stimmloser glottaler Plosiv* genannt.

Etwas anderes ist aber komisch an diesem Laut in gegenderten Wörtern wie *Freund*innen*: Er kam im Deutschen bisher niemals am Anfang von Nachsilben vor. Wir sprechen ihn bisher in erster Linie vor Wörtern, die ohne ihn mit einem Vokal beginnen (deswegen klingt *Freund*[ʔ]*innen* ein bisschen wie die zwei Wörter *Freund* und *innen*). Nach Vorsilben kann er ebenfalls vorkommen, zum Beispiel in *er*[ʔ]*arbeiten*. Vor Nachsilben ist Sprecher*innen des Deutschen der Glottisverschlusslaut hingegen noch nie untergekommen. Und genau da wird er in gegenderten Wörtern platziert: *Freund-*[ʔ]*innen*. Das ist etwas völlig Neues im Deutschen. Und das ist es, was uns komisch vorkommt. Wir merken intuitiv: Vor Nachsilben machen wir so etwas eigentlich nicht. Der sonst so unauffällige Glottisverschlusslaut fällt uns auf einmal auf, weil er an einer Stelle im Wort steht, an der wir ihn nicht erwarten würden.[140]

Fürs Gendern ist das gut. Die Wörter sollen ja auffallen. Sie sollen unseren Denktrott unterbrechen, und dabei macht der Glottisverschlusslaut einen guten Job. Und: ›Falsch‹ ist er in den Wörtern nicht, obwohl er dort ungewöhnlich ist. Wenn ein Laut vorher noch nie in Nachsilben vorkam, heißt das schließlich nicht, dass er dort nicht vorkommen *kann*. Dass der Glottisverschlusslaut in gegenderten Wörtern in dieser Position gesprochen wird, entspricht voll und ganz den Regeln des Sprachsystems.[141]

Wichtig ist außerdem, dass der Glottisverschlusslaut die Nachsilbe *-*in* in Wörtern wie *Freund*innen* zu einer eigenen, neuen Nachsilbe macht, die nicht die ›weibliche‹ Nachsilbe *-in* ist.[142] Die Nachsilbe *-*in* unterscheidet sich nicht nur im Geschriebenen, sondern auch im Gesprochenen deutlich von der ›weiblichen‹ Nachsilbe *-in*. Wir haben also eine neue Nachsilbe, die etwas Neues bedeuten kann. Vielleicht schaffen wir es, ihr die Bedeutung ›alle Gender‹ zu geben, oder zu erreichen, dass diese neue Nachsilbe Wörter genderneutral macht. Vielleicht können Wörter mit *-*in* in Zukunft wirklich Menschen jeden Genders meinen – wenn wir es denn schaffen, dass sie die entsprechenden Konzepte in den Köpfen der Menschen aktivieren.

---

140 Im Detail diskutiert das Auftreten des Glottisverschlusslauts in gegenderten Wörtern auch: Haider, Hubert (i. Ersch.): Phonematisierung des glottalen Plosivs aufgrund politischer Korrektheit im Deutschen?

141 Siehe hierzu: Völkening, Lena: Ist Gendern mit Glottisverschlusslaut ungrammatisch? Ein Analysevorschlag für das Suffix [ʔɪn] als phonologisches Wort. In: Zeitschrift für Wortbildung 6 (2022) 1, Berlin: Peter Lang. S. 58–80.

142 Ebd.

Um gegenderte Wörter zu bauen, brauchen wir also ein einziges neues Bauteil. Mehr nicht. Das Sprachsystem muss um ein einziges neues Morphem erweitert werden: Die neue Nachsilbe -**in*. Das ist keine sprachliche Verrenkung. Das macht die Sprache nicht kaputt. Wir haben schon so oft Nachsilben aus anderen Sprachen in unsere aufgenommen, dass wir diese eine weitere Nachsilbe auch noch hinbekommen sollten. Wir müssen das Sprachsystem nicht einmal großartig dafür umbauen. Wir tun auch nichts, das gegen die Regeln des Sprachsystems verstoßen würde. Die Nachsilbe -**in* sieht zwar etwas ungewöhnlich aus und sie klingt etwas ungewöhnlich, aber sie funktioniert genauso wie andere Nachsilben. Sie hält sich an die Regeln unseres Sprachsystems. Gendern mit -**in* ist eigentlich sehr elegant und simpel – wenn wir nicht immer noch das System der grammatischen Geschlechter hätten.

13. KAPITEL
Zwei sehr unterschiedliche Baustellen

You may shoot me with your words

Maya Angelou (Autorin)[143]

Eines der größten Missverständnisse beim Gendern ist, dass es schon genügen könnte, Sterne, Unterstriche, Doppelpunkte oder Ähnliches in Wörter hineinzuschreiben oder sie mit einem Glottisverschlusslaut auszusprechen. Es genügt nicht. Wenn man Wörter wie *Astronaut*, *Kosmetiker* und *Sozialarbeiter* ändert und Wörter wie *Astronaut*in, Maurer_innen* und *Sozialarbeiter:innen* daraus macht, hat man dem Problem zwar etwas entgegengesetzt. Man hat bewirkt, dass die Wörter nicht mehr explizit ›weiblich‹ oder ›männlich‹ sind. Und man hat ihnen außerdem gelbe Neonschilder umgehängt, sodass Leser*innen und Zuhörer*innen vielleicht nicht mehr so stark in ›männlichen‹ Prototypen, in Genderstereotypen oder aber überhaupt nicht mehr in Genderkategorien denken.

Doch das Problem liegt nicht nur in den Wörtern. Es liegt außerdem darin, dass wir unser männerzentriertes, hierarchisches und binäres Denken in den vergangenen Jahrhunderten fest in das System der grammatischen Geschlechter hineingewebt haben. Wir haben nicht nur unterschiedliche Wörter für ›Frauen‹ und ›Männer‹, sondern auch unterschiedliche grammatische Geschlechter. Und ungünstigerweise ist es ja so, dass jedes Substantiv im Deutschen einem der drei grammatischen Geschlechter Femininum, Maskulinum und Neutrum angehören muss und ebenso die Artikel, Adjektive und Pronomen, die dieses Substantiv im Gepäck hat.

Deshalb wird die Sache kompliziert, sobald man ein gegendertes Wort in einem Satz verwendet: Sollte man schreiben, dass *ein*e Astronaut*in* aus *seinem*ihrem* Berufsalltag erzählt hat? Hat *der/die Maurer_in sein/ihr* Werkzeug dabei? Und *die* Sozialarbeiter:in, hat *die* angerufen, oder hat *der* Sozialarbeiter:in angerufen? So richtig funktioniert das alles nicht. Denn

143 Angelou, Maya: Still I Rise. 1978.

welches der drei grammatischen Geschlechter sollten wir für das gegenderte Wort nehmen? Soll es ein Maskulinum, ein Femininum oder ein Neutrum sein? Solange es das System der grammatischen Geschlechter gibt, sind das die einzigen drei Optionen. Wenn wir *richtig*, also effektiv, nachhaltig und gründlich ändern wollen, wie Gender in unserer Sprache vorkommt, dann müssen wir also nicht nur einzelne Wörter umbauen, sondern auch das System der grammatischen Geschlechter.

Dummerweise ist das allerdings bei Weitem schwerer, als ein neues Morphem zu basteln. Denn das System der grammatischen Geschlechter sitzt ziemlich fest in unserer Sprache verankert. Linguist*innen vergleichen die Sprache manchmal mit einer Zwiebel: Einige Teile des Sprachsystems liegen weiter außen und andere liegen darunter, weiter innen.[144] Die Teile, die weiter innen liegen, verändern sich langsamer als die außen. Innen ist das Sprachsystem sozusagen fester zusammengezurrt, es ist starrer als in seinen äußeren Schichten. Weiter außen dagegen ist es viel empfänglicher für Sprachwandel und dort könnte man eher als innen absichtlich etwas verändern.

Die Wörter liegen in einer der äußeren Schichten. Unser mentales Lexikon ist ungemein flexibel und aufnahmefähig. Ständig trudeln neue Wörter im Sprachsystem ein, machen es sich dort gemütlich und bleiben. »Die Sprache ändert sich doch eh!« ist dennoch ein etwas kurz gedachtes Argument für das Gendern. Unsere Sprache ist im ständigen Wandel, das stimmt. Aber sie ist nicht an allen Stellen gleichermaßen offen für Veränderung. Die verschiedenen Bereiche des Sprachsystems ändern sich im Lauf der Zeit auf sehr unterschiedliche Weise und in unterschiedlichem Tempo. Wenn es um neue Wörter geht und darum, Wörter zu verändern, ist »Die Sprache ändert sich doch eh« ein gutes Argument.

Weil reiche Leute es zum Beispiel im 18. Jahrhundert schick fanden, in Gesprächen französische Wörter einzustreuen, haben wir noch heute viele französische Fremdwörter wie *Café*, *Feuilleton* und *goutieren*.[145] Jetzt, im 21. Jahrhundert, sind während der Coronapandemie unzählige neue Wörter entstanden. Über 1.000 davon hat das *Leibniz-Institut für*

---

144 Vgl. Nübling, Damaris, Antje Dammel, Janet Duke & Renata Szczepaniak: Historische Sprachwissenschaft des Deutschen. Eine Einführung in die Prinzipien des Sprachwandels. 5., aktualisierte Auflage. Tübingen: Narr, S. 14.

145 Eisenberg, Peter: Das Fremdwort im Deutschen. 3., überarbeitete und erweiterte Auflage. Berlin/Boston: De Gruyter 2018.

Deutsche Sprache auf seiner Website gesammelt, darunter Wörter, die vor der Pandemie wahrscheinlich niemand verstanden hätte, wie *Alltagsmaske*, *boostern*, *Bratwurstimpfung*, *Distanzbier*, *Impfbus* und *Nasenpimmler*.[146]

Es macht unserer Sprache nicht viel aus, wenn neue Wörter dazukommen. Vielleicht verschiebt sich dadurch ein wenig die Bedeutung von anderen Wörtern, die schon länger da waren, oder sie werden von den neuen Wörtern verdrängt. Aber das ist ein sehr natürlicher Vorgang. Wir finden gerne neue Wörter für Dinge oder drücken etwas anders aus. Wenn, wie jetzt in der Coronapandemie, neue Dinge in unser Leben treten, finden wir außerdem neue Wörter, um diese Dinge benennen zu können. Wenn jemand ein Unternehmen gründet, kann er sich für dieses Unternehmen und seine Produkte völlig neue Namen ausdenken. Sie werden zu neuen Wörtern, die sich in unserem Sprachsystem unauffällig zu den anderen Unternehmens- und Produktnamen gesellen, die es schon gibt.

Manchmal dauert es ein wenig, bis sich die Sprachgemeinschaft darauf geeinigt hat, was das neue Wort bedeuten soll – und nicht immer setzt sich die Bedeutung durch, die eine Startup-Gründerin oder ein Werbefachmann ursprünglich einmal gerne gehabt hätte. Doch selbst dann, wenn die Bedeutung von einem neuen Wort noch instabil ist, fügt es sich schon so elegant zwischen die anderen Wörter im Sprachsystem, als hätte es nie etwas anderes gemacht.

Wenn ich möchte, kann ich zum Beispiel nach Belieben Wörter aus anderen Sprachen in deutsche Sätze einstreuen. Letztens saß ich im Bus, als ein Mädchen auf dem Sitz gegenüber zu ihrer Freundin sagte: »Irgendwie war ich heute morgen viel zu früh ready.« Das klingt nach einer Mischung aus Deutsch und Englisch, aber eigentlich ist lediglich ein englisches Wort in einem deutschen Satz platziert, und es funktioniert. Man kann den Satz verstehen und man könnte das englische *ready*, wenn man wollte, problemlos wieder gegen ein deutsches Wort austauschen. Wörter sind einzelne Elemente im Sprachsystem, wie Bauklötze. Deshalb kann man sie so gut ersetzen und erneuern: Wenn man einen Bauklotz herausnimmt und durch einen gleichgroßen Bauklotz ersetzt, dann ist das Gebäude aus Bauklötzen immer noch gleichgroß und hat sich kaum verändert.

Trotzdem sind Wörter natürlich einzigartig. Jedes Wort hat seine ganz eigene Wirkung und seinen eigenen Klang, und es ist bei vielen von ihnen

---

146 Liste »Neuer Wortschatz rund um die Coronapandemie« auf der Website des *Leibniz-Instituts für Deutsche Sprache* (IDS).

schade, wenn sie seltener oder gar nicht mehr verwendet werden. *Vegnügsam, darob* und *vermaledeien* sind zum Beispiel solche Wörter, die vom Online-Duden als veraltet oder veraltend eingestuft werden und die mir persönlich sehr gefallen. Ich hätte nichts dagegen, wenn diese drei Wörter wieder häufiger verwendet würden. Wörter mögen in ihrer Bedeutung, in ihrem Klang und in ihrer Geschichte unersetzlich sein. Aber strukturell gesehen sind sie im Sprachsystem ersetzbar. Das Verb *vermaledeien* kann ich durch das Verb *verwünschen* ersetzen, das sicherlich nicht genau dasselbe bedeutet, aber zumindest etwas Ähnliches. Damit mache ich die Sprache nicht kaputt. Ich ersetze ein Verb durch ein anderes, setze also sozusagen statt eines blauen einen dunkelblauen Bauklotz in die Lücke im Satz. Beide Bauklötze füllen die Lücke gleichermaßen gut. Das Bauwerk aus Bauklötzen sieht hinterher etwas anders aus, aber von der Grundform her ist es dasselbe geblieben.

Weniger rassistisch zu sprechen und zu schreiben, ist deshalb sehr, sehr einfach. Denn Rassismus betrifft in unserer Sprache in der Regel die Wörter. Der Berliner Adegbayi Balogun postete zum Beispiel im November 2021 ein Video auf Twitter, das eine Frau zeigt, die ihn als *Kanacken* und als *dreckigen Affen* beschimpft. Die Frau keift: »Du hast ein Affengesicht.«[147] Sie spuckt aus und rennt auf Balogun zu. Sie greift ihn nicht körperlich an, aber ihre Worte treffen ihn umso härter. Sie übt mithilfe von Sprache Gewalt aus. Die Wörter *Kanacke* und *Affe* kann niemand in Bezug auf eine Person of Color verwenden, ohne dabei rassistisch zu sein. Diese Wörter sind in dem Zusammenhang eindeutig markiert, der Rassismus ist aus ihnen nicht mehr herauszubekommen. Was Balogun getroffen hat, sind die *Worte* der Frau, nicht die grammatischen Strukturen, die sie verwendet hat, um diese Worte auf ihn abzufeuern. Es ist nicht die Tatsache, dass *Affengesicht* im Akkusativ steht, die die Beschimpfungen der Frau so verletzend macht. Sondern das Wort *Affengesicht*.

Weil die Wörter, die wir verwenden, so viel Macht haben, weil sie Bilder in unseren Köpfen zeichnen und Emotionen auslösen, geht es oft um sie, wenn wir überlegen, ob und wie wir unsere Sprache ändern sollten, weil sie diskriminieren und ausgrenzen könnte. Wir achten darauf, keine rassistischen Wörter zu verwenden. Wir diskutieren darüber, wie wir über

---

147 Tweet auf dem Profil @spicer_k vom 26.11.2021.

Menschen mit einer Behinderung sprechen. Über die Geschichte, den Beigeschmack und die Wirkungsmacht von Bezeichnungen. Wir machen uns klar, dass Wörter wie *Gastarbeiterin* oder *Flüchtlingswelle* eine bestimmte Perspektivierung mit sich bringen und nicht objektiv sind, und verwenden sie deshalb nicht mehr. In Berlin soll die *Mohrenstraße* in *Wilhelm-Amo-Straße* umbenannt werden.[148] Auch wenn das erstaunlich viel Protest auslöst, macht das mit der Sprache nichts. Eine Straße kann einen neuen Namen bekommen, dann sprechen wir eben fortan mit dem neuen Wort über diese Straße und die zugehörige U-Bahnhaltestelle.

Wörter können auch auf subtilere Weise rassistisch sein oder sogar vermeintlich positiv daherkommen (»Ich mag *Schokolade*«).[149] Dann müssen wir nicht gleich das Wort *Schokolade* ganz aus unserem Wortschatz streichen, aber wir können es bleiben lassen, es in Bezug auf Menschen und in bestimmten Kontexten zu verwenden. Wenn ich ein rassistisches Wort nicht mehr verwende, entferne ich ein Stück Rassismus aus der Sprache, ohne dass dabei große Umbauarbeiten am System nötig wären.

Wenn wir Gender in unserer Sprache nur mit Wörtern ausdrücken würden, wäre Gendern ebenfalls einfach. Wir haben bereits neue Wörter für verschiedene Genderidentitäten abseits der Kategorien ›Frau‹ und ›Mann‹ gefunden, *queer* zum Beispiel, *nicht-binär* oder *divers*. Wir können Menschen als *Menschen mit Uterus* bezeichnen, um das konzeptuell stark aufgeladene Wort *Frau* zu vermeiden. Oder wir verbannen einzelne Wörter ganz aus unserer Sprache und verwenden sie gar nicht mehr. Wir können die Wörter *Mann* und *Frau* in Anführungszeichen setzen, um zu verdeutlichen, dass es sich hier um Kategorien handelt, die sozial konstruiert sind. Oder wir können mit demselben Ziel einen Stern ans Ende dieser Wörter setzen, *Mann** und *Frau**. Könnte man nicht genauso auch Wörter wie *Tänzer* und *Pilotin* mit Gendersternen, Doppelpunkten oder Gendergaps versehen und damit wäre die Sache erledigt?

Viele, die gendern, versuchen genau das. Sie ändern die Wörter. Sie machen aus dem Wort *Tänzer* das Wort *Tänzer*in* und aus *Pilotin* machen sie *Pilot_in*. Die Diskussion, die in den Medien über gegenderte Sprache geführt wird, dreht sich zu einem großen Teil ebenfalls um Wörter: zum

148 Roelcke, Teresa: Mohrenstraße in Berlin-Mitte soll künftig Wilhelm-Amo-Straße heißen. Tagesspiegel.de. 8.04.2021.

149 Rautenberg, Charlene: Ich will nicht deine Schokolade sein. Sueddeutsche.de. 16.01.2019.

Beispiel um Fragen wie die, ob der Duden auch ›weibliche‹ *Wörter* aufnehmen sollte statt nur die ›männlichen‹[150] oder ob wir lieber *Wörter* mit einem Genderstern oder mit einem Doppelpunkt verwenden sollten. Doch damit wird das Problem nicht behoben. Man flickt ein paar Schlaglöcher an der Oberfläche.

Denn Gendern betrifft nicht nur die Wörter, sondern auch die Grammatik. Die Grammatik liegt in der tiefsten Schicht der Sprachzwiebel.[151] Unter dieser Schicht ist nichts mehr. Und so ist sie auch der Teil des Sprachsystems, der sich am wenigsten und am langsamsten verändert. Die Grammatik ist konservativ und behäbig. Oft merkt man erst, wenn man Texte aus unterschiedlichen Epochen vergleicht, dass sich überhaupt etwas Grammatisches verändert hat. Das ist einer der wichtigsten Gründe dafür, warum es uns so schwer fällt, uns an gegenderte Sprache zu gewöhnen.

Alles, was in unserer Sprache mit Beziehungen von Wörtern untereinander und damit zu tun hat, wie die Wörter angeordnet, zusammengesetzt und ausstaffiert werden, ist Grammatik. All die Regeln, die wir brauchen, um unsere Gedanken in Wörter, Sätze und Texte zu gießen. Ein Satz, der nur aus Wörtern bestehen würde und keine Grammatik hätte, sähe so aus:

> Grau der sehen der Stadtteil Licht jener Momo seltsam Gruppe Herr drei mit Auto am der die zuerst Rand mit

Damit aus dieser zusammenhangslosen Ansammlung von Wörtern ein ernstzunehmender Satz wird, muss er eine grammatische Struktur bekommen:

150 Vgl. Eißfeldt, Lisa: Gendern: Online-Duden ändert Personenbezeichnungen. Ndr.de. 21.01.2012.

151 Die Grammatik als tiefste Schicht der Sprache lässt sich in weitere Teilbereiche unterteilen: die Phonologie (Funktion der einzelnen Laute), die Morphologie (Aufbau der Wörter) und die Syntax (Aufbau von Sätzen). Zwischen der Grammatik und dem mentalen Lexikon (dem Wortschatz) liegt im Zwiebelmodell der Sprache eine weitere Schicht: die Graphie (die Schreibweise). Über dem mentalen Lexikon wiederum liegen zwei Schichten: die Textebene und die Pragmatik (Verwendung der Sprache im Kontext).
Vgl. Nübling, Damaris, Antje Dammel, Janet Duke & Renata Szczepaniak: Historische Sprachwissenschaft des Deutschen. Eine Einführung in die Prinzipien des Sprachwandels. 5., aktualisierte Auflage. Tübingen: Narr, S. 14.

> Momo sah zuerst die Gruppe der grauen Herren mit den drei Autos am Rand jenes Stadtteils mit dem seltsamen Licht.[152]

Jetzt sind die Wörter so angeordnet, dass die Leser*innen ihre Beziehungen untereinander erkennen können. Sie stehen außerdem nicht mehr in ihrer Grundform – so, wie man sie im Lexikon antrifft – sondern haben Endungen (z.B. *Stadtteils* statt *Stadtteil*) oder eine völlig neue Gestalt (z.B. *sah* statt *sehen*) erhalten, die es Leser*innen ermöglichen, zu erkennen, welche von ihnen zusammengehören oder sich aufeinander beziehen.[153]

Wenn wir aus Morphemen neue Wörter zusammenbauen, nutzen wir dafür ebenfalls die Grammatik: Wir bauen die Wörter nicht nur mit den Morphemen, sondern auch mit Regeln, die vorgeben, welche Morpheme zusammenpassen und in welcher Reihenfolge sie angeordnet werden müssen. Deshalb ist es wichtig, dass wir die Regeln nicht ändern, wenn wir gegenderte Wörter konstruieren – dann würden wir die Grammatik ändern, und das ist verdammt schwierig. Wenn wir aber einzig und allein ein neues Morphem – die Nachsilbe *-*in* – ins Sprachsystem einfügen, und diese Nachsilbe nach den althergebrachten Regeln an andere Morpheme montieren, dann ist die Veränderung am Sprachsystem nicht allzu groß.

Das System der grammatischen Geschlechter hingegen können wir nicht so elegant ändern, indem wir ein einziges neues Bauteil einfügen. Wir bräuchten einen ganzen Haufen neuer Bauteile. Ein Text schafft es locker, dass 20 von 38 Wörtern entweder Femininum, Maskulinum oder Neutrum sind:

> *[Die großartige Schauerlichkeit] [des Anblicks]* lässt sich mit Worten nicht beschreiben. Quer durch *[das Land] [der Toten Berge]* klaffte *[die Erde]* in *[einem Riss], [der]* etwa *[eine halbe Meile]* breit sein mochte. *[Seine Tiefe]* war nicht zu erkennen.[154]

---

152 Ende, Michael: Momo. 23. Auflage. Stuttgart: Thienemann Verlag [1973], S. 152.

153 Zum Beispiel bilden viele der Wörter in diesem Satz zusammen eine größere Einheit: [Momo] [sah] [zuerst] [die Gruppe] [der grauen Herren] [mit den drei Autos] [am Rand] [jenes Stadtteils] [mit dem seltsamen Licht]. In welcher Reihenfolge diese Einheiten stehen, folgt bestimmten Regeln. Zum Beispiel stehen die Genitivattribute jeweils rechts von dem Wort, auf das sie sich beziehen: [die Gruppe] [der grauen Herren]. Und so weiter.

154 Ende, Michael: Die unendliche Geschichte. 4. Auflage. Stuttgart: Thienemann-Esslinger Verlag 2020 [1979], S. 75.

Damit stehen wir, wenn wir wirklich gendergerecht oder genderneutral sprechen und schreiben wollen, vor einem gewaltigen Problem: Weil die Bauteile, die Gender ausdrücken, an einem riesigen grammatischen System hängen, das durch die punktuellen Änderungen zerfleddert würde. Man kann nicht ein Element aus einem System herausreißen, ohne dass das gesamte System daran leidet. Das System der grammatischen Geschlechter ist Grammatik, und die bleibt meistens über sehr lange Zeit stur so, wie sie ist – da kann sich die Sprache ansonsten noch so sehr verändern.

14. KAPITEL
Operation am offenen Herzen

Seht Ihr nicht, dass das eine männliche Sprache ist?
Wollt Ihr ewig so weitermachen?

Luise Pusch[155]

Ich denke, es ist nicht übertrieben oder zu pathetisch, zu sagen, dass Gendern bedeutet, die Sprache am offenen Herzen zu operieren. Wenn wir gendern, gehen wir nämlich der Grammatik an den Kragen, dem Grundgerüst und Kern der Sprache. Wenn wir uns eine Sprache als ein großes System vorstellen, dann ist die Grammatik der innere Motor dieses Systems.

Wer dagegen zum Beispiel Englisch spricht, hat einen immensen Vorteil in Sachen Genderneutralität: Im Englischen gibt es die grammatischen Kategorien Maskulinum und Femininum bei den Substantiven schließlich nicht, sondern es wird nur bei den Pronomen nach grammatischen Geschlechtern (*he, she, it*) unterschieden. Alle Substantive gehören derselben grammatischen Kategorie an, die sowohl für ›Männer‹ als auch für ›Frauen‹ gilt: *the* tailor, *the* pilot, *the* dancer. Wenn diese Substantive also nicht inhaltlich etwas über das Gender verraten (wie bei *actress* und *actor*), dann können sie in jeder Situation für *alle* Menschen jeglicher Genderidentität verwendet werden.[156]

Deshalb ist das Englische so praktisch, wenn man genderneutral sprechen oder schreiben möchte. Es bietet das passende sprachliche Material, mit dem es zwar möglich ist, über ›Frauen‹ und ›Männer‹ zu sprechen (z.B. mit Wörtern wie *actress* und *actor*), aber mit dem man das ebenso gut

155 Olderdissen, Christine: Luise F. Pusch und der Genderstern. Interview auf der Website Genderleicht.de. 10.12.2020.

156 Wörter wie *actress, sister* oder *woman* gehören grammatisch ebenfalls derselben Kategorie an wie die vollkommen genderneutralen Wörter. Dass sie nur für ›Frauen‹ verwendet werden, liegt nicht an ihrer grammatischen Zuordnung zu einem bestimmten grammatischen Geschlecht (Maskulinum oder Femininum), sondern an ihrem Aufbau (*actress* statt *actor*) oder schlicht an ihrer Bedeutung, die das Gender der Person beinhaltet (*sister, woman*).

bleiben lassen kann. Im Englischen sorgen damit allein die ›männlichen‹ Prototypen und die Genderstereotype in unseren Köpfen dafür, wenn wir beim Lesen von strukturell genderneutralen Wörtern wie *singer-songwriter* oder *president* vor allem an ›Männer‹ denken.

Deshalb ist es auch unsinnig, das Sprachrätsel mit dem Chirurgen, von dem ich weiter vorne im Buch erzählt habe, auf Englisch als Beispiel dafür zu zitieren, wie sehr unsere Sprache unser Denken beeinflusst. Auf Englisch lautet das Sprachrätsel gelegentlich so:

> »A father and son have a car accident and are both badly hurt. They are both taken to separate hospitals. When the boy is taken in for an operation, the surgeon says ›I can not do the surgery because this is my son‹.«

Surgeon ist kein Maskulinum. Es gibt keine ›weibliche‹ Version von diesem Wort. Man würde immer von *the surgeon* oder *surgeons* sprechen, egal, ob es sich um ›Frauen‹ ›Männer‹ oder nicht-binäre Personen handelt. Wenn wir das Rätsel also im Englischen lesen und nicht auf die Idee kommen, dass *the surgeon* eine ›Frau‹ und damit die Mutter des verletzten Jungen sein könnte, dann ist daran nicht die Sprache schuld, sondern unser männerzentriertes Denken. Das Rätsel entlarvt, dass wir selbst bei einem vollkommen genderneutralen Wort an einen ›Mann‹ denken. Dass Chirurg*in auch noch ein eher stereotyp ›männlicher‹ Beruf ist, ist dabei sicherlich nicht gerade hilfreich. Wir gehen unserem Weltbild vollkommen auf den Leim: Der Prototyp von einem Menschen ist ein ›Mann‹, und typische Chirurg*innen sind erst recht ›Männer‹.

Es gibt noch mehr Sprachen, deren Grammatik sich auf sehr vorbildliche Weise über das Gender von Menschen ausschweigt. Der *Weltatlas der Sprachstrukturen*, ein von Linguist*innen aufgezogenes Projekt, das Daten zu verschiedenen Sprachen der Welt online sammelt, hat eine Karte veröffentlicht, auf der für 257 verschiedene Sprachen der Welt markiert ist, wie viele grammatische Geschlechter sie jeweils haben.[157] 145 der dort dokumentierten Sprachen, also über die Hälfte, haben gar keine grammatischen Geschlechter. Dazu zählt zum Beispiel Mandarin, das Persische und das Ungarische. Nicht einmal bei den Pronomen (*er, sie* und *es* im Deutschen) gibt es in diesen Sprachen verschiedene Kategorien. Menschen, egal, ob

---

157 The World Atlas of Language Structures Online, unter dem Reiter *Features*: Feature 30A: Number of Genders.

›Frauen‹ oder ›Männer‹, werden alle mit ein und demselben Pronomen beschrieben. Zwischen den verschiedenen sozialen Genderkategorien wird in diesen Sprachen mit Worten unterschieden (zum Beispiel mit unterschiedlichen Wörtern für Schwestern und Brüder oder Omas und Opas), aber nicht mit einem System der grammatischen Geschlechter.

50 der auf der Website aufgelisteten Sprachen haben zwei grammatische Geschlechter, darunter das Spanische, das Französische und das in Syrien gesprochene Arabisch. *Das Kind* ist im Spanischen zum Beispiel je nachdem, ob es ein Junge oder ein Mädchen ist, *el niño* oder *la niña*. Anders als das Spanische hat das Deutsche zusätzlich noch eine dritte Kategorie, das Neutrum. Es gehört damit zu den insgesamt 26 auf der Karte verzeichneten Sprachen, die drei grammatische Geschlechter haben, zusammen etwa mit dem Ukrainischen, dem Isländischen und dem Englischen, das hier mitgezählt wird, obwohl es die drei grammatischen Geschlechter nur bei den Pronomen und nicht bei den Substantiven unterscheidet.

Und es geht noch komplexer: Zwölf der aufgeführten Sprachen haben vier und 24 haben fünf oder sogar noch mehr grammatische Geschlechter. Die meisten davon werden in Afrika gesprochen, wie zum Beispiel Swahili und Zulu, zwei Bantusprachen. Bantusprachen sind dafür bekannt, besonders viele grammatische Geschlechter zu haben – bis zu zwanzig können es sein. Das heißt allerdings nicht, dass in diesen Sprachen grammatisch auch mehr soziale Genderkategorien als ›Frauen‹ und ›Männer‹ unterschieden werden. Substantive – und damit die Menschen, Tiere und Dinge dieser Welt – werden in diesen Sprachen mithilfe der Grammatik nach völlig anderen Kriterien sortiert als im Deutschen.

Wenn eine Sprache grammatische Geschlechter hat (egal, wie viele), dann sind diese Kategorien ein Ausdrucksmittel unter vielen, das Sprecher*innen und Schreiber*innen nutzen können. Im Deutschen wird das System der grammatischen Geschlechter teilweise, aber nicht immer genutzt, um Gender sprachlich auszudrücken: Maskulina für das ›Männliche‹ und Feminina für das ›Weibliche‹. In den afrikanischen Bantusprachen hingegen werden die zahlreichen grammatischen Geschlechter nicht dazu genutzt, um ›Frauen‹ und ›Männer‹ voneinander zu unterscheiden.[158]

158 In der Forschung zu den Bantusprachen wird dementsprechend meistens nicht die irreführende Bezeichnung *grammatisches Geschlecht* verwendet, sondern man spricht von *Nominalklassen*.

In vielen Bantusprachen gibt es beispielsweise eine eigene Kategorie nur für menschliche Wesen, eine für Abstrakta, Eigenschaften und Kollektiva, eine für Tiere, aber auch für Menschen, Körperteile und Werkzeuge und so weiter.[159] Für fast jede Kategorie in der Einzahl gibt es zusätzlich eine eigene Kategorie in der Mehrzahl – wenn man beim Deutschen auch so zählen würde, hätten wir immerhin sechs Kategorien (Maskulinum, Femininum und Neutrum jeweils einmal in der Einzahl und einmal in der Mehrzahl). Außerdem werden die unterschiedlichen Kategorien an den Wörtern nicht, wie im Deutschen, durch Endungen markiert (ein schön*er* Mann), sondern durch Vorsilben.

Zulu, das vor allem in Südafrika gesprochen wird, hat zum Beispiel 16 grammatische Geschlechter, zehn für die Einzahl und sechs für die Mehrzahl. Die Wörter *umfana* (›Junge‹) und *umfazi* (›Frau‹) gehören in dieser Sprache beide zur selben Kategorie, haben also dasselbe grammatische Geschlecht.[160] Die grammatischen Geschlechter, also die unterschiedlichen Kategorien für Substantive, sind im Zulu völlig nutzlos, wenn man einer Leserin oder einem Zuhörer klarmachen möchte, dass man gerade von einem ›Mann‹ oder einer ›Frau‹ spricht. Das muss man im Zulu deshalb allein mit Wörtern machen.

Andere Sprachen kommen also ganz wunderbar ohne ein System der grammatischen Geschlechter aus, mit dem man Gender ausdrücken kann. Das heißt jedoch nicht, dass wir im Deutschen einfach damit aufhören könnten, Gender über unser System der grammatischen Geschlechter auszudrücken. Nele Pollatschek hat das einige Male in Talkshows und Texten

---

159 Forscher*innen haben zwar eine gewisse Systematik darin gefunden, welche Substantive in den Bantusprachen welcher Nominalklasse angehören. An der Aufzählung kann man aber vielleicht bereits erkennen, dass die Aufteilung aus heutiger Perspektive relativ willkürlich ist. Es ist möglich, dass die Nominalklassen in früheren Sprachstufen jeweils bestimmte Bedeutungen hatten, diese Funktion aber im Laufe der Zeit verschwommen ist. Der schwedische Sprachwissenschaftler Östen Dahl schreibt deshalb, dass es gut möglich ist, dass nicht mehr klar erkennbare Regeln, nach denen Substantive Nominalklassen zugeordnet werden, in diesen Sprachen darauf hindeuten können, dass ihr System der grammatischen Geschlechter schon relativ alt ist, sich also im Laufe der Zeit sehr stark weiterentwickelt hat.
Vgl. Dahl, Östen: Gender: Esoteric or exoteric? In: Francesca Di Garbo, Bruno Olsson & Bernhard Wälchli (Hgg): Grammatical gender and linguistic complexity. Volume I: General issues and specific studies. Berlin: Language Science Press 2019. S. 53–61, hier S. 59.

160 Audring, Jenny: Canonical, complex, complicated? Ebd. S. 15–52, hier S. 43.

vorgeschlagen. Pollatschek möchte nicht als *Schriftstellerin*, sondern als *Schriftsteller* bezeichnet werden und überhaupt nur noch Maskulina verwenden, um über Menschen zu sprechen. Ein bis ins Letzte konsequent durchgezogenes generisches Maskulinum also. Meine Freundin Rebekka wäre dann mein *Freund* Rebekka und meine Chefin wäre mein *Chef*. Sandra Ciesek wäre *Virologe*, nicht *Virologin*. Und Angela Merkel wäre *Bundeskanzler* gewesen. Im *Tagesspiegel* schreibt Pollatschek, dass sie die Idee aus dem Englischen hat:

> »Der einzige Weg heraus aus dem sprachlichen Dauerfrausein ist das Ausland, für mich war es Großbritannien. Denn der britische Feminismus hat auf das Problem der weiblichen Berufsbezeichnung das Gegenextrem gewählt. Der englische Gedanke ist schlichtweg dieser: Der Weg zur Gleichheit ist Gleichheit. Wer will, dass Männer und Frauen gleich behandelt werden, der muss sie gleich behandeln und das heißt, sie gleich zu benennen.«[161]

Pollatschek findet, dass man die ›weiblichen‹ Berufsbezeichnungen ganz abschaffen sollte. Mit einem ähnlichen Gedanken haben viele Film- und Musikpreise ihre nach Gender getrennten Kategorien abgeschafft und vergeben Preise nunmehr an alle Menschen in denselben Kategorien. Auf der Berlinale wird zum Beispiel seit 2021 der Silberne Bär für die beste Hauptrolle an eine Person vergeben – Gender egal. ›Frauen‹ sollen nicht mehr die *andere* Kategorie sein, sie sollen auf einer Stufe mit den ›Männern‹ stehen. Doch in der Kultur wie in der Sprache vergessen wir die ›Frauen‹ womöglich nur noch mehr, wenn wir die Kategorie ›Frau‹ abschaffen. Man muss uns auf Genderunterschiede aufmerksam machen, damit wir nicht ungerecht werden.

Und noch etwas anderes übersieht Pollatschek: Anders als das Englische hat das Deutsche ein ausgewachsenes System der grammatischen Geschlechter, das der Idee gehörig in den Karren fährt. Das Deutsche versammelt nicht wie das Englische alle seine Substantive in nur einer einzigen grammatischen Kategorie, sodass man an Wörtern wie *Astronautin* und *Schriftstellerin* einfach die ›weiblichen‹ Endungen weglassen könnte.

161 Pollatschek, Nele: Gendern macht die Diskriminierung nur noch schlimmer. Tagesspiel.de. 30.09.2020.

Das Maskulinum hat immer zwei weitere grammatische Geschlechter im Schlepptau:

Maskulinum

Femininum

Neutrum

Pollatschek will die ›Frauen‹ und nicht-binären Personen wegen des Ungleichgewichts zwischen den drei grammatischen Geschlechtern in die am höchsten angesehene Kategorie hochhieven. Das ist zunächst logisch: ›Frauen‹ werden von unserer Grammatik als Sonderkategorie behandelt. Würden wir über sie von nun an nur noch mit dem Maskulinum sprechen, könnten wir dem ein Ende setzen.

Aber weil wir auch Tiere, Pflanzen, Gegenstände und abstrakte Konzepte gelegentlich in Genderkategorien denken und ihnen mithilfe der grammatischen Geschlechter ein Gender verpassen, müssten wir für die eigentlich konsequenterweise ebenfalls, zumindest in diesen Fällen, nur noch das Maskulinum verwenden – genauso, wie wir sie, wenn wir mit Genderstern gendern, in diesen Fällen eigentlich mit Genderstern gendern müssten (Sie erinnern sich vielleicht an die *Frösche* aus den Kindergeschichten). Wenn ich eine Geschichte über eine Taube schreibe und die Taube vermenschliche, müsste ich also zum Beispiel einen *Tauberich* aus ihr machen, damit das grammatische Femininum nicht zum Aushängeschild für Gender wird. Das würde die Angelegenheit einigermaßen verwirrend machen, denn: Sollte die Taube in anderen Situationen ein grammatisches Femininum bleiben? Wenn es nicht zu kompliziert werden sollte, dürften wir also – so, wie es in der Regel auch beim Gendern mit Genderstern und so weiter gemacht wird – das neue, allumfassende generische Maskulinum nur für die Menschen verwenden.

Anders als beim Gendern mit Genderstern und ähnlichen Zeichen würde das generische Maskulinum jedoch der grammatischen Kategorie, mit der wir dann Tieren, Pflanzen, Gegenständen und abstrakten Konzepten munter weiter ein Gender verpassen könnten, zum Verwechseln ähnlich sehen. Wir hätten wieder dasselbe Dilemma, das wir jetzt bereits mit dem ›normalen‹ generischen Maskulinum haben: Das Maskulinum wäre nicht wirklich neutral, weil es andernorts weiterhin zum Ausdruck von Gender genutzt würde. Das Maskulinum würde seine ›männliche‹ Konnotation behalten. Es hätte keine Chance, eine vollkommen unschuldige grammatische Kategorie zu werden.

Wie man es dreht und wendet: Drei verschiedene grammatische Geschlechter in einer Sprache zu haben, ist Mist. Würde man es wirklich so machen wollen wie im Englischen, dann müsste man das System der grammatischen Geschlechter komplett abschaffen und die Kategorien Maskulinum, Femininum und Neutrum zum Teufel schicken. Dann müsste man die Sprache jedoch einmal von vorne bis hinten umgraben. Genauer gesagt müsste man eine Entwicklung rückgängig machen, die unser Sprachsystem über mehrere Jahrtausende hinweg zu dem geformt hat, was es heute ist.

Das System der grammatischen Geschlechter, mit dem wir heute Gender ausdrücken, wurde in früheren Sprachstufen überhaupt nicht zu diesem Zweck genutzt. Linguist*innen nehmen an, dass es vor mehreren Tausend Jahren entstanden ist, weil wir Wörter in Kategorien einsortieren wollten – allerdings nicht in Genderkategorien. Im Indoeuropäischen, der gemeinsamen europäischen Ursprache, die nicht mit Textzeugnissen belegt ist und deshalb heute nur aus späteren Sprachstufen rekonstruiert werden kann, gab es vermutlich zuerst nur zwei grammatische Geschlechter: Das Maskulinum wurde möglicherweise verwendet, um über Belebtes zu sprechen, und das Neutrum für Unbelebtes – sicher weiß man das allerdings bis heute nicht.[162] Die grammatischen Geschlechter Maskulinum und Neutrum hatten auf jeden Fall eine völlig andere Bedeutung als heute. Das dritte grammatische Geschlecht, das Femininum, entwickelte sich wahrscheinlich erst später und wurde für Kollektiva und Abstrakta verwendet. Noch heute sind viele Kollektiva und Abstrakta Feminina (*die* Menschheit, *die* Belegschaft, *die* Schönheit). Derartige Überbleibsel aus früheren Sprachstufen sind ein weiterer Grund, aus dem ein Substantiv einem bestimmten grammatischen Geschlecht zugeordnet sein kann.

Es wird außerdem angenommen, dass Substantive im Indoeuropäischen ihr grammatisches Geschlecht wechseln konnten. So, wie ein Substantiv heute sowohl in der Einzahl als auch in der Mehrzahl stehen kann und dafür nur die Endung wechseln muss (ein Glücksdrach*e*, mehrere Glücksdrach*en*). Je nachdem, welches grammatische Geschlecht sie gerade hatten, bedeuteten diese Substantive damals vermutlich etwas

162 Fritz, Matthias & Michael Meier-Brügger: Indogermanische Sprachwissenschaft. 10., völlig neu bearbeitete Auflage. Berlin/Boston: De Gruyter 2021, S. 278.

leicht Unterschiedliches. Im Sanskrit, einer der Sprachen, die später aus der indoeuropäischen Ursprache hervorgingen, bedeutete zum Beispiel das Substantiv *hima* verschiedene Dinge, je nachdem welches grammatische Geschlecht es hatte: *himah* (Femininum) lässt sich heute in etwa mit ›Winter‹ übersetzen, *himás* (Maskulinum) mit ›Frost‹ und *himam* (Neutrum) mit ›Schnee‹.[163]

Das System der grammatischen Geschlechter hatte also ursprünglich rein gar nichts mit Gender zu tun. Es war damals ein Mittel, einem Wort unterschiedliche Bedeutungsnuancen zu geben – die vermutlich mit Mengenverhältnissen zusammenhingen, vor allem bei den Feminina. Im Laufe der Zeit und in den folgenden Sprachstufen wurde diese Funktion nach und nach abgebaut. Im Althochdeutschen, das sehr viel später aus dem Indoeuropäischen hervorgegangen ist, konnten um 700 n. Chr. herum nur noch wenige Wörter mehrere grammatische Geschlechter haben.[164] Sie mussten sich im Laufe der Jahrhunderte jeweils auf ein einziges festlegen. Teilweise machen heute stattdessen zum Beispiel Nachsilben etwas Ähnliches mit Wörtern wie damals das grammatische Geschlecht. So bedeutet *Mensch* ›ein Mensch‹ und *Menschheit* bedeutet ›alle Menschen‹.

Nachdem die grammatischen Geschlechter ihre ursprüngliche Funktion weitgehend verloren hatten, existierte in der deutschen Sprache ein sozusagen ›frei gewordenes‹ grammatisches System vor sich hin, dem die Menschen eine neue Funktion geben konnten. Und was machten sie? Sie nahmen dieses System, um damit Gender sprachlich auszudrücken. Das System der grammatischen Geschlechter wurde umfunktioniert. Wir hatten an irgendeinem Punkt in der Geschichte der Menschheit anscheinend das Bedürfnis, sprachlich sehr umfassend ausdrücken zu können, ob jemand in unseren Augen eine ›Frau‹ oder ein ›Mann‹ war.[165] Und brauchten dafür sprachliches Material. Da war es sehr praktisch, dass wir bereits zwei sehr gut passende Kategorien in der Grammatik hatten: Maskulinum und

---

163 Werner, Martina: Genus, Derivation und Quantifikation. Zur Funktion der Suffigierung und verwandter Phänomene im Deutschen. Berlin/Boston: De Gruyter 2012.

164 Froschauer, Regine: Genus im Althochdeutschen. Eine funktionale Analyse des Mehrfachgenus althochdeutscher Substantive (Dissertation). Heidelberg: Winter 2003.

165 Vgl. Kotthoff, Helga & Damaris Nübling: Genderlinguistik. Eine Einführung in Sprache, Gespräch und Geschlecht. Tübingen: Narr 2018, v.a. S. 70–73

Femininum. Also haben wir ›Männer‹ mit maskulinen und ›Frauen‹ mit femininen Wörtern benannt und konnten so den Unterschied, den wir zwischen Menschen wahrnahmen, sprachlich anzeigen. Dass das dritte grammatische Geschlecht dabei übrig blieb, störte uns nicht allzu sehr: Eine Restkategorie ist ja immer gut, wenn man sprachlich nach unten treten will.

Das System der grammatischen Geschlechter ist also ein mehrere Tausend Jahre altes grammatisches System. Dadurch, dass das System im Verlauf der Geschichte des Deutschen und seiner früheren Sprachstufen die Funktion geändert hat, befinden sich in diesem System noch heute Ablagerungen aus unterschiedlichen Sprachstufen. Wörter haben ihr grammatisches Geschlecht manchmal, weil damit Gender ausgedrückt wird, und manchmal aus völlig anderen Gründen – weil sie zum Beispiel etwas Abstraktes benennen. Die Geschichte dieses Systems hat dazu geführt, dass es unterschiedliche Funktionen erfüllt und nicht nur die, Gender auszudrücken. Und sie hat dazu geführt, dass das System sehr fest in die Sprache eingeflochten ist. Das System der grammatischen Geschlechter ist wahnsinnig ausgefeilt. Unzählige Wörter haben eigene Versionen und unterschiedliche Endungen für das Maskulinum, das Femininum und das Neutrum ausgebildet. Deshalb würden wir unsere Sprache regelrecht zerfleddern, wenn wir es abschaffen oder umbauen würden.

Manchmal versuchen Leute, die gendern, genau das: Sie basteln am System der grammatischen Geschlechter herum. Dann werden solche Sachen vorgeschlagen:

ein_e Gärtner_in
einE GärtnerIn
der/die Gärtner*in
Er_sie schneidet die Hecke.

Was für ein Heidenaufwand! Wir müssten, wenn wir so etwas wie da oben konsequent durchziehen, in jedem einzelnen Satz, den wir sagen oder schreiben, jede Menge Wörter ändern. Wir müssten ein ganzes, ausgewachsenes, im Verlauf *von mehreren Tausend* Jahren entstandenes grammatisches System ändern.

Dazu kommt noch, dass Wörter wie *er_sie* den alten, nach ›männlich‹ und ›weiblich‹ getrennten Wörtern verdächtig ähnlich sehen. Im Französischen hat zumindest die Verschmelzung aus den Pronomen für ›Frauen‹

und ›Männer‹ besser funktioniert als im Deutschen: Um über Menschen zu sprechen, ohne deren Gender zu nennen, verwenden Französ*innen seit einiger Zeit das neue Pronomen *iel*, eine Mischung aus dem maskulinen *il* und dem femininen *elle* (das »el« ausgesprochen wird). Das neue Pronomen wird von so vielen Menschen verwendet, dass es 2021 sogar in die Onlineausgabe des Wörterbuchs *Le Robert* aufgenommen wurde.[166] Es ist ein eigenständiges, neues Wort, das von den Sprecher*innen des Französischen so ähnlich wie ein Fremdwort ins Sprachsystem aufgenommen wurde. Man kann jetzt im Französischen zum Beispiel ohne Probleme sagen: »*Iel* a répondu« (*Er_sie* hat geantwortet). Doch das System der grammatischen Geschlechter gibt es im Französischen immer noch. Die Artikel, die Adjektivendungen und eine ganze Reihe anderer Wörter sind deshalb weiterhin entweder ›männlich‹ oder ›weiblich‹. Schon bei einem Satz wie »Er_sie ist gegangen« bekommen die Französ*innen Probleme, weil an Partizipien im Französischen Gender markiert wird (Iel est *parti-e*). Mit der Einführung des neuen Worts *iel* ist also nur ein kleiner Teil des Problems behoben.[167]

Manche Sprachkritiker*innen versuchen mit völlig neuem sprachlichem Material, unser System der grammatischen Geschlechter neu aufzubauen. Der App-Entwickler Andreas Ganske hat eine ganze Website erstellt, auf der er ein neues System der grammatischen Geschlechter für das Deutsche entwirft: *Gender-i.de*. Auf die Seite hat er Tabellen gestellt, die an den Grammatikunterricht in der Schule erinnern:

	Einzahl	Mehrzahl
Nominativ	*Dis Schüli*	*Die Schülis*
Genitiv	*Dis Schülis*	*Der Schülis*
Dativ	*Dis Schülis*	*Den Schülis*
Akkusativ	*Dis Schüli*	*Die Schülis*

Es ist ein erster Anfang. Ein neues System der grammatischen Geschlechter müsste, damit es sich in unserem Sprachsystem behaupten könnte, für alle möglichen Situationen eine Antwort haben: Welche Endungen bekommen

166 Holzer, Birgit: Gender-Sprache in Frankreich. Ja wie denn nun? Augsburger-allgemeine.de. 13.01.2022.

167 Genauso verhält es sich im Deutschen mit als Alternativen vorgeschlagenen Pronomen wie *xier* und *dey*: Nur ein Teil des Problems ist behoben, wenn man diese neuen Pronomen verwendet.

Substantive und Adjektive? Welche neuen Pronomen und Artikel gibt es? Die Endungen müssten für alle Arten von Substantiven funktionieren. Und: Was machen wir mit den Tauben und den Fröschen? Und mit den Stühlen und den Lampen? Müssten die grammatische Feminina und Maskulina bleiben oder dürften die auch mit rüberwandern in das neue grammatische System? Und wenn sie es nicht dürften, wo würden wir dann die Grenze zwischen dem neuen grammatischen System und dem alten System aus drei grammatischen Geschlechtern ziehen? Es ist kompliziert.

Solange wir das System der grammatischen Geschlechter nicht umbauen, entkommen wir seinen Beschränkungen und Wertungen nur, indem wir ihm in unseren Sätzen und Texten sorgsam aus dem Weg gehen. In der Mehrzahl ist das immerhin möglich: Da wird im Deutschen an den Wörtern, die das Substantiv begleiten, das grammatische Geschlecht nicht markiert. Alle Artikel (*die* Astronaut*innen), alle Adjektive (die alt*en* Astronaut*innen) und alle Pronomen (*sie, jene, diese*) haben in der Mehrzahl dieselben Endungen beziehungsweise dieselbe Form. In der Mehrzahl ist das System der grammatischen Geschlechter bereits genderneutral oder gendergerecht, weil es nicht nach den drei grammatischen Geschlechtern unterscheidet wie in der Einzahl. Wenn wir also die Substantive mit Gendersternen oder Ähnlichem gendern, dann haben wir in der Mehrzahl eine gegenderte Sprache, ohne dabei das System der grammatischen Geschlechter verändern zu müssen: Wir können von *den Linguist*innen* sprechen, von *freundlichen Nachbar*innen* und von *Zahnärzt*innen, die* sich mal wieder unsere Zähne ansehen sollten.

Meistens werden gegenderte Wörter deshalb in der Mehrzahl verwendet. Das funktioniert gut: Oft wollen wir ja dann gendern, wenn wir über eine Gruppe von Menschen sprechen, deren Gender wir nicht explizit nennen wollen, ohne dabei auf das generische Maskulinum zurückgreifen zu müssen. Wenn wir hingegen in der Einzahl über einzelne Personen sprechen, ordnen die sich in der Regel eh einem bestimmten Gender zu. Dann können wir einfach dementsprechend das Femininum oder das Maskulinum nehmen.

Allerdings: Was ist mit den nicht-binären Personen? Und was ist mit denen, die keinen Bock mehr auf Genderkategorien haben? Und erst recht nicht darauf, mit fast jedem Satz in diese Genderkategorien hineingepresst zu werden? Mit denen können wir sprachlich in der Einzahl auch dann, wenn wir die Substantive mit Gendersternen oder ähnlichen Zeichen gendern, *immer noch* nicht viel anfangen. Wenn wir die genderneutralen oder gendergerechten Substantive in der Einzahl verwenden, müssen wir sehr darauf achten, keine Adjektive, Artikel und Pronomen zusammen mit diesen Substantiven zu verwenden. Manchmal geht das. Ich kann zum Beispiel sagen, dass ich *als Autor*in* arbeite. Aber meistens geht es nicht. Dann müssen wir uns entscheiden: Grammatisches Maskulinum, Femininum oder Neutrum? In der Einzahl sind Wörter mit *-*in* nicht wirklich genderneutral oder gendergerecht, denn wir kommen sehr schnell in die Bredouille, dass wir sie einem der grammatischen Geschlechter zuordnen müssen.

Oft rutschen Menschen, wenn sie gendern, deshalb wieder in die Fahrrillen des alten Systems der grammatischen Geschlechter. Der Linguist Rüdiger Harnisch beschreibt zum Beispiel, dass genderneutral gemeinte Partizipien wie *Studierende* oft in der Einzahl mit Artikeln und Pronomen verwendet werden, die das grammatische Geschlecht Maskulinum haben, also zum Beispiel in Sätzen wie diesem: »Auf Anfrage erhält *der* Studierende Auskunft über den Stand *seiner* Leistungspunkte.« Harnisch nannte seinen Text über das Thema »Das generische Maskulinum schleicht zurück«.[168] Gelegentlich schleicht es sich zum Beispiel auf *taz.de* ein. Dort wird in einem Text zwar das Wort *Beamt:innen* in der Mehrzahl gegendert, aber im selben Satz ist das Wort *keinem*, das in der Einzahl steht, ein Maskulinum:

> »Tatsächlich konnten rassistische Einstellungen im gesamten Prozessverlauf bislang *keinem* der angeklagten Beamt:innen nachgewiesen werden.«[169]

Ein anderes Mal, auf *Zeit Online*, soll ein feminines Relativpronomen sich auf eine Doppelform beziehen:

> »Es wird ein Untersuchungsführer oder eine Untersuchungsführerin eingesetzt, die Zeugen vernimmt.«[170]

168 Harnisch, Rüdiger: Das generische Maskulinum schleicht zurück. Zur pragmatischen Remotivierung eines grammatischen Markers. In: Andreas Bittner & Constanze Spieß (Hgg.): Formen und Funktionen. Berlin/Boston: De Gruyter 2016. S. 159–174.

169 Kersten, Augustin & Christian Jakob: Ich schwöre, ich wars nicht. Taz.de, 07.01.2022.

170 Hildebrandt, Paul: Viele Professoren und Professorinnen halten sich für einzigartig. Zeit Online, 08.01.2022.

Ich wüsste nicht, wie man es besser machen sollte. Wir haben noch nicht das passende sprachliche Material für Wörter in der Einzahl, das wir in solche Sätze einbauen könnten. Uns fehlt ein genderneutrales oder gendergerechtes System der grammatischen Geschlechter. Vielleicht schafft es ein gegendertes Wort wie *Beamt:innen*, dass wir das grammatische Geschlecht der Wörter, die es im Schlepptau hat, nicht mehr so sehr als Hinweis auf ein bestimmtes Gender deuten, weil es auffällig ist und unsere Lesegewohnheiten unterbricht. Aber dieses grammatische Geschlecht ist trotzdem noch da.

Und was ist mit Wörtern, die immer in der Einzahl stehen, wie *jemand, niemand, wer* und *man*? Die haben schließlich auch alle weiterhin ein grammatisches Geschlecht. Ich habe sie in diesem Buch alle ins Maskulinum gesetzt – so, wie es bis jetzt im Deutschen üblich ist. Vielleicht würde es aber auch anders gehen. Nur welches der anderen beiden grammatischen Geschlechter nimmt man dann? Vielleicht doch das Femininum, als ausgleichende Gerechtigkeit sozusagen, wie es schon Feminist*innen im vergangenen Jahrhundert vorgeschlagen haben? Das wäre vielleicht gar keine so schlechte Idee.

Ich bin bekanntlich ›eigentlich‹ für das umfassende Femininum,
bei dem alle Männer und die gesamte Queer Community
jeweils herzlich mitgemeint sind.
Da aber so viele Frauen den Männern
das umfassende Femininum nicht zumuten wollen
(obwohl diese ihnen ungeniert das umfassende Maskulinum
seit Jahrtausenden und bis heute tagtäglich zumuten),
gibt es Durchsetzungsprobleme in der Praxis.

Luise Pusch[171]

Als der Autor Peter Wittkamp im Januar 2022 in seiner Kolumne im *Tagesspiegel* ankündigte, dass ebendiese seine letzte Kolumne sein würde, bekam er einen auf einer Schreibmaschine getippten Leser*innenbrief. Den Brief hatte Lotte geschickt, eine 85-jährige Dame aus Berlin-Charlottenburg. Sie hatte Peter Wittkamp schon öfter in Briefen bekundet, wie gut ihr seine

171 Kapfer, Leonie & Lea Susemichel: Unsere Grammatik bevorzugt Männer. Interview im Magazin an.schläge. Ausgabe 8/2017.

Kolumnen gefielen. Jetzt, da Wittkamp aufhörte, wollte sie ihm das noch einmal sagen und ihm alles Gute wünschen. Wittkamp freute sich und postete ein Foto des Briefs auf Twitter. Man sieht ein gelbliches, für den Briefumschlag gefaltetes Papier, darauf die leicht unregelmäßige Schreibmaschinentinte. Ein *S* ist am oberen Ende etwas schlecht erkennbar und ein *H* auch – so, als ob die alte Dame bei diesen Buchstaben nicht mit genug Kraft in die Tasten gehauen hat, sodass die Typenhebel nur ganz leicht auf das Papier aufgeschlagen sind. Und da, in der alten Schreibmaschinenschrift, steht es: *Leser-innen*. Die alte Dame hat in ihrem Brief gegendert.

Und Heinz-Günther, wenn Lotti mit 85
auf ihrer Schreibmaschine gendern kann,
schaffst du das auch!

Peter Wittkamp auf Twitter[172]

Es ist völliger Unsinn, dass Gendern mit Genderstern, Binnen-I, Gendergap oder welchem Zeichen auch immer im Wort schwierig wäre. Das ist es nicht. Man verwendet einfach eine neue Nachsilbe. Wer Wörter mit ursprünglich fremdsprachigen Nachsilben wie *Friseuse, Sexismus* und *kulturell* verwenden kann, der kann auch ein Wort wie *Leser-innen, Freund_innen* oder *Astronaut*in* verwenden. Damit hat man dem Sexismus in unserer Sprache etwas entgegengesetzt: den Ungerechtigkeiten, den Hierarchien und den Wertungen unseres Sprachsystems genauso wie unserem binären, hierarchischen, männerzentrierten und stereotypen Denken.

Und dennoch: Wie binär, hierarchisch, männerzentriert und stereotyp wir in den vergangenen Jahrhunderten gedacht haben, spiegelt sich nicht nur in den Wörtern, sondern auch in der Grammatik wider. Auch sie ist ungerecht und auch sie kann unser Denken wiederum heute beeinflussen. Wollten wir also unser *gesamtes* Sprachsystem genderneutral oder gendergerecht machen, dann müssten wir nicht nur die Substantive, sondern das System der grammatischen Geschlechter umbauen. Das wäre kognitiv vermutlich für alle, die diese Sprache sprechen, sehr aufwändig. Gendern wäre kompliziert, umständlich und anstrengend. Wir würden uns außerdem ausgerechnet am starrsten Bereich der Sprache abarbeiten, an der innersten

172 Tweet auf dem Account @diktator vom 27.01.2022.

Schicht der Zwiebel. So etwas bekommt man nicht mal eben von heute auf morgen aus dem Sprachsystem und aus den Köpfen heraus. Wir müssten lernen, völlig anders zu sprechen und zu schreiben. Möglicherweise so ähnlich, wie Ganske oder andere Sprachkritiker*innen es vorschlagen. Oder auf eine völlig andere Art, mit anderen Ideen, auf die wir bis jetzt noch nicht gekommen sind.

Danksagung

Dieses Buch ist entstanden durch unzählige Gespräche, durch Inspiration und Denkanstöße von den verschiedensten Seiten. Allen voran danke ich Alexander Werth, Jan Seifert und Claudia Wich-Reif für ihre Unterstützung, ihre Ermutigungen und wertvollen Hinweise. Ich danke außerdem allen meinen Kolleg*innen und Freund*innen, denen ich mit dem Thema die Ohren abquatschen durfte und/oder die erste Textschnipsel und Ausschnitte aus dem Buch für mich probegelesen haben: Maximilian Joram, Rebekka Borges, Jonas Romstadt, Tobias Bystrich, Daniel Claeser, Nina Diekmannshemke, Florian Bergmoser, Lisa Dittrich, Christoph Liedel, Eva Zurbrügg und meinem Bruder Malte. Mein Dank geht ebenso an alle Teilnehmer*innen des ›Dienstagsseminars‹ an der Universität Bonn, in dem wir im Sommer 2021 passenderweise über das Gendern diskutiert haben und aus dem ich sehr viele Ideen für dieses Buch mitgenommen habe.

Für ihre hilfreichen, netten und motivierenden Antworten auf meine (Fan-)Mails und Nachrichten auf Twitter danke ich außerdem: Gero Gehrke, Markus Jochim, Paul Meuleneers, Carolin Müller-Spitzer, Lisa von Stockhausen, Lisa Zacharski, Lirim Selmani, Anatol Stefanowitsch und Hubert Haider. Ebenso danke ich allen, die mir auf Twitter und Instagram mit Tipps und Beispielen geantwortet haben, die ich für dieses Buch verwenden durfte.

Felix Hetscher danke ich für das großartige Cover. Und schließlich – und ganz besonders – danke ich den Mitarbeiter*innen vom Unrast Verlag dafür, dass sie dieses Buch möglich gemacht haben. Insbesondere meine Lektorin Marie Bickmann hat mir mit ihrer geduldigen, unermüdlichen Detailarbeit am Text sehr dabei geholfen, dieses Buch zu bändigen.

Tupoka Ogette

exit RACISM

rassismuskritisch denken lernen

10. Auflage
136 Seiten | 12.80 €
ISBN 978-3-89771-230-0
eBook | 7.99 €

Interaktives Handbuch der bekannten Anti-Rassismus-Trainerin

Das Buch begleitet die Leser*innen bei ihrer mitunter ersten Auseinandersetzung mit Rassismus und tut dies ohne erhobenen Zeigefinger. Vielmehr werden die Leser*innen auf eine rassismuskritische Reise mitgenommen, in deren Verlauf sie nicht nur konkretes Wissen über die Geschichte des Rassismus und dessen Wirkungsweisen erhalten, sondern auch Unterstützung in der emotionalen Auseinandersetzung mit dem Thema.

»Der nach wir vor in der weißen Gesellschaft präsente Alltagsrassismus ist so verpackt, dass er – wenn man nicht selbst tangiert ist – meist gar nicht auffällt. Ogettes Buch ist ein Appell an die weißen Leser*innen, endlich die Scheuklappen abzunehmen.«

Selina Staniczek / konkret

Ijeoma Oluo

Schwarz sein in einer rassistischen Welt

Warum ich darüber immer noch mit Weißen spreche

2. Auflage
240 Seiten | 16 €
ISBN 978-3-89771-275-1
eBook | 10.99 €

Vom täglichen Kampf gegen Rassismus und der Notwendigkeit, darüber zu sprechen

Ijeoma Oluo hat mit diesem Buch einen New York Times-Bestseller geschrieben. Teils biografisch, teils anekdotisch, aber immer analytisch, behandelt sie in zugänglicher Sprache, mit Humor und Verstand Fragen, die sich viele nicht zu stellen trauen. Warum darf ich das ›N-Wort‹ nicht benutzen? Warum soll ich deine Haare nicht anfassen? Hat Polizeigewalt wirklich etwas mit ›Rasse‹ zu tun?

Ein Buch, das sehr hart und sehr einfühlsam zugleich ist, Diskurse voranbringt und Verständnis schafft. Geschrieben für alle, die in allen Lebensbereichen eine gerechtere Gesellschaft ohne Rassismus schaffen wollen.

»Ein starkes, emotionales Buch, (...) gespickt mit persönlicher Erfahrung.«

Buchkultur

Susan Arndt & Nadja Ofuatey-Alazard (Hg.)

Wie Rassismus aus Wörtern spricht

(K)Erben des Kolonialismus im Wissensarchiv deutsche Sprache. Ein kritisches Nachschlagewerk.

4. Auflage
Hardcover | 786 Seiten | 29.80 €
ISBN 978-3-89771-501-1
eBook | 22.99 €

»Wenn ich nur 30 Bücher besitzen dürfte, wäre dieses eines davon.«

R.-E. Posselt / SOS-Rassismus

Wie Rassismus aus Wörtern spricht arbeitet heraus, wie weiße Europäer*innen kolonialistisches und rassistisches Denken erschaffen und es in Wissensarchiven und ihren Begriffen konserviert haben, durch welche es bis heute wirkmächtig ist. Folgerichtig werden hier Kernbegriffe des weißen westlichen Wissenssystems diskutiert, um das Zusammenwirken von Rassismus, Wissen und Macht aufzuarbeiten.

»... vor allem jenen, die sich beruflich mit Sprache beschäftigen, ans Herz gelegt«

M.-S. Adeoso / FR

Emma

Ein anderer Blick

Feministischer Comic gegen die Zumutungen des Alltags

2. Auflage
224 Seiten | 19.80 €
ISBN 978-3-89771-330-7

Zu 100% feministisch und revolutionär!

Mit ihren schnörkellosen Comics illustriert die französische Bloggerin Emma Alltagssituationen ebenso wie die großen gesellschaftlichen Fragen. Von Sexismus in der Arbeitswelt über häusliche Gewalt und die Anatomie der Klitoris: Emma widmet sich den unterschiedlichsten feministischen und sozialen Themen in einem Dutzend kleiner Geschichten, jede davon lehrreich, berührend und gleichzeitig humorvoll erzählt. Mit Feingefühl und schonungsloser Ehrlichkeit hinterfragt sie alltägliche Zumutungen und Absurditäten.

»Voller Feuer, Spaß und Humor – Emma ist eine politische Karikaturistin unserer Zeit. Lass dir dieses Buch nicht entgehen.«

Laurie Penny

Emma

Ein anderer Blick 2

Feministischer Comic gegen Mythen und falsche Glaubenssätze

224 Seiten | 19.80 Euro
ISBN 978-3-89771-339-0

Bissiger und kluger Comic über die kleinen und großen Ungerechtigkeiten in unserer Gesellschaft

Die mit dem Comic über Mental Load (»Du hättest nur fragen müssen!«) bekannt gewordene französische Feministin und Aktivistin Emma knöpft sich in ihrem neuen Buch wieder einmal Geschlechterstereotype, Sexismus und Ungerechtigkeiten aller Art vor – insbesondere die, die uns gar nicht bewusst sind. In den bissigen und pointierten Comics leistet sie eine beeindruckende Veranschaulichung in der Theorie bereits bekannter Konzepte anhand alltäglicher Situationen. Und nie verliert sie die zentrale Frage aus dem Blick, um die sich bei ihr alles dreht: Wie können wir gemeinsam eine gerechtere Welt schaffen?

»Kluge und humorvolle Beobachtungen«

Deutschlandfunk Kultur

»Zum Lernen und Lachen!«

die tageszeitung

Emma

Ein anderer Blick auf den Klimawandel

96 Seiten | 14.80 €
ISBN 978-3-89771-297-3

Kluger und witziger Comic darüber, was wir angesichts des Klimawandels tun müssen

Bekannt geworden mit einem Comic über den Mental Load (»Du hättest nur fragen müssen!«), nimmt die französische Zeichnerin, Feministin und Aktivistin *Emma* ein weiteres komplexes Thema in den Blick. Mit Ironie und Biss erzählt sie die Geschichte des Klimawandels: von James Watts Erfindung der Dampfmaschine bis zu den Verflechtungen von Politik und Wirtschaft in der heutigen Zeit. »Ich hatte das Gefühl, dass es eine Lücke im Diskurs gibt«, schreibt Emma, die schwierige Zusammenhänge griffig und auf verständliche Weise auf den Punkt bringt und Politik und Unternehmen detailscharf seziert. Doch Emma skizziert auch einen Ausweg: Würden wir nicht die falschen, sondern die richtigen Dinge verändern, könnten wir die Erde gemeinsam retten. Wir müssen nur endlich damit beginnen!